优贤扬历　　盛德若愚

筑梦汇佳
——教育教学论文案例集

薛运锋 著

用心成就教育梦想，用爱点亮学生人生。守正创新，永葆青春。

——汇佳学校中方校长　李艳丽

作为一名汇佳人，薛老师的筑梦经历，是汇佳教育的缩影，是汇佳师生成长的烙印，借用李白的一句诗，“游说万乘苦不早，著鞭跨马涉远道”。

——汇佳学校初中部校长　王帝麟麒

永不停歇追逐梦想的步伐，筑梦汇佳追求创新的未来。

——汇佳学校中学部德育校长　牟家荣

中国商业出版社

图书在版编目（CIP）数据

筑梦汇佳：教育教学论文案例集 / 薛运锋著. --
北京：中国商业出版社, 2020.12
ISBN 978-7-5208-1390-7

Ⅰ. ①筑… Ⅱ. ①薛… Ⅲ. ①中学语文课－教学研究
Ⅳ. ①G633.302

中国版本图书馆CIP数据核字(2020)第238113号

责任编辑：陈　皓　常　松

中国商业出版社出版发行
010-63180647　www.c-cbook.com
（100053　北京广安门内报国寺 1 号）
新华书店经销
定州启航印刷有限公司印刷
*
710 毫米 ×1000 毫米　16 开　11.75 印张　160 千字
2020 年 12 月第 1 版　2020 年 12 月第 1 次印刷
定价：62.00 元

*　*　*　*

序　言

我与薛运锋相识相知已有二十余年。看着薛运锋一路前行，从沂蒙山区走到北京，走进汇佳，走出了一路鲜花和掌声，自己优秀，妻子优秀，孩子精彩，个中奥秘值得品味。记得有句歌词："读你千遍也不厌倦，读你的感觉像春天……"其实，薛运锋就是一本书，不，是一部书，一部内涵丰富的书，一部拼搏向上的书，一部充满正能量的书。仔细品读，你从中一定会受益无穷。

记得 2003 年，薛运锋代表泰安市参加山东省初中语文优质课大赛，各路精英会集孟子故里——山东济宁邹城，竞争异常激烈。参加大赛的有 50 多人，来自山东各地，他们要么来自省级实验中学，要么来自地市级实验中学，要么来自县市级实验中学，而薛运锋是唯一一个来自山区乡镇中学的老师。薛运锋能否拿奖，说实话，我心里很没底，预估最好能拿个三等奖。公布成绩的那天下午，正当我忐忑不安时，薛运锋给我打来电话说："韩老师，我获奖了！"我说："是三等奖吗？""不是，是一等奖，一等奖的第一名！"这个消息对于我来说，可谓爆炸性的。薛运锋在山东省初中语文界一炮打响，然后代表山东省参加全国语文优质课大赛，从此声名远扬！现在说起来，我仍然相当兴奋！薛运锋的成长经历就是一部奋斗不息的书，值得品读。

同年，薛运锋的妻子也参加了山东省政治优质课评选并获奖。两人鼓足勇气，比翼双飞，飞出了大山，走向了泰安，走向了北京。两人一路打拼，把家经营得风生水起，事业爱情两不误，家庭教学双丰收。孩子在他的培育下，茁壮成长，可谓自立自强的典范，曾收到来自加拿大的三份大学录取通知书，其中包括多伦多大学和麦吉尔大学。孩子努力奋进，如愿考上美国的大学。可以说，薛运锋的家庭教育就是一部书，一部关于如何经营家庭，如何培养孩子的书，值得品读。

薛运锋的教学方法独特，可谓风采斐然，你听他的课永远不会发困打盹，他的课有磁力，他的课有魔力，他的课有味道，不管什么题材的课文，到了他那里都会熠熠生辉。精妙的构思，意想不到的导语，多角度的辨析，热情洋溢的诵读，课堂上充满了灵动的思维，不时撞出火花……从他一篇篇论文里，从他一个个教案里，你会读懂薛运锋，他尊重学生，他懂得教育教学规律，他呵护孩子的天性。于是，他的学生喜欢他，崇拜他，敬重他。再不听话的学生，到了薛运锋身边，都会被感化，因为他德才双馨。薛运锋的教育教学就是一部书，一部关于怎样教课，怎样管理的书，值得品读。

给薛运锋提供展现才华舞台的北京市私立汇佳学校，尊崇生态教育的理念，让来到这里的孩子都充分绽放自我。草青，花艳，树壮，到处迸发着勃勃生机，名师荟萃，中西结合，视野开阔，格局宏大，物理空间与心灵空间足以让孩子们的理想自由翱翔！汇佳跟薛运锋一样，同样是一部值得品读的书。

在此祝福薛运锋，百尺竿头更进一步，为国家、为民族书写出更华丽的篇章。

韩清传

（韩清传，正高级教师、山东省特级教师、全国优秀语文教师、山东省教科研先进个人、首届泰山名师、首届泰山功勋教师、泰安市专业技术拔尖人才。现任山东省新泰市教育科学研究所所长，曾担任山东省新泰市汶南一中校长，具有丰富的实践经验与极高的理论修养。他所主持的课题“五步一体作文导写法”曾获得山东省首届教学成果二等奖，所主持的其他课题还获得山东省教学成果三等奖、基础教育教学成果一等奖，出版《写作与智慧人生》《“五步一体”作文教学法》等专著。）

前 言

初识汇佳，得益于在山东泰山国际学校工作时认识的王校长，是他为我做了“媒人”，让我和汇佳结缘。

2005 年，王校长在泰山国际学校的一次全体教师大会上讲道：“私立学校目前面临的形势很严峻，可以说是生存艰难，但也有很成功的案例。比如，北京有汇佳。”于是在我心中便有了“汇佳”这个响亮的名字。从网上了解了汇佳的情况后，2006 年我离开了泰山国际学校，加入汇佳，到现在已经 15 个年头了。

入职汇佳后，我不断学习、成长、进步。汇佳的 IB（International Baccalaureate 即国际文凭），理念的头脑风暴、MYP（IB 中的中学项目）课程计划的制订修改、教学方式的转变和教学策略的灵活运用，使我对教育的生态园有了深刻的理解，让我对差异化教学有了更清晰的认识。在此期间，我一直坚持总结和反思，记录自己的成长和收获，写了一些论文，并在中文核心期刊、国家级期刊、省级期刊上发表。回忆来路，我经历了困惑彷徨、蜕变转型、领悟欣赏的心路历程，将这些分享给大家。

一、困惑彷徨

2006 年我刚来到汇佳的时候，原海淀区教育局局长王家骏执掌汇佳帅印。可以说我是慕名而来。但是不久后我发现，这里学生的学习氛围并没有原来公立学校的紧张，作业量和公立学校没法比。我心里不由得开始怀疑我的这个选择是不是正确的？这样的学习节奏，怎么能培养出如汇佳所宣传的那种“高、精、尖”的人才？

二、蜕变转型

经过 MYP 的多次培训，我掌握了探究式教学和概念化教学的理论，并在实践中不断应用，事实证明了在教学过程中真正以学生为主体，不断地培养学生的能力，设计不同形式的作业可以调动学生参与的积极性，提高学生的综合能力。

李艳丽校长当时作为初中部主任兼 MYP 协调员，指导老师集体研究探索，让我们从传统的应试教育模式转变为以学生为主体，以能力和素质培养为核心的素质教育模式，尊重差异，设计活动，调动学生的参与积极性，运用不同的 ATL（学习方法）技能，全面提升学生的交流、社交、自我管理、研究及思考的能力。

国际文凭组织的行动宗旨要求国际文凭学习者努力使自己做到积极探究、知识渊博、勤于思考、善于交流、坚持原则、胸襟开阔、懂得关爱、勇于尝试、全面发展和及时反思。具有国际情怀的人所必备的这些特质代表了一系列人类能力和责任，它们不仅仅和智力的培养和学习的内容相关，还意味着对项目的标准与实施要求的贯彻落实，有助于学校社区中的所有成员学会尊重自己，尊重他人和他们周围的世界。

国际文凭项目中的教学与学习扎根于对教育的一种独特理解，提倡师生以多种方式开展协作，以建构意义感知世界。这种建构主义的方法导致了开放式课堂的形成，在那里，不同的见解和观点均得到重视，其表现为提问（探究）、做事情（行动）和思考（反思）之间的互动。国际文凭教育使青少年成长为终身学习者，既能独立开展学习，又能与他人协作开展学习。这就培育了一个学习者社区，通过探究、行动和反思构成生动活泼的教育体验，以应对复杂的全球性挑战。

IB 教育的思想精髓是文化融合。由探究、行动和反思驱动，IB 项目要达到的目的是培养学生的一系列技能和特质，以帮助学生有效地管理和评价他们自己的学习。这些至关重要的学习方法包括开展研究的能力、进行批判性和创造性思考的能力、信息管理能力和自我评估能力。通过重要概念和相关概念的引领，提出探究的问题，围绕六个全球背景，将他们遇到的人、事物和情况置于当今世界最广阔的背景之中，认识到他们自己是属于其中的一分子，加强跨学科融合，提升解决问题的能力和意愿。

培养具有国际情怀的人，中学项目的学习环境重视将整个世界当作最广阔的学习背景，倡导在情境中展开教学和学习，因而更注重学生体验，而不是一味地灌输，从而使学生具有了发现问题和解决问题的能力，激发了学生的求知欲和学习兴趣。

就语言学科来说，我们提倡整本书阅读，注重全面推进中英文阅读，并进行多种形式的检测。通过评选“阅读达人”“阅读之星”进行表彰；通过阅读记录卡进行督促；通过阅读分享进行展示；通过海报介绍故事情节；通过音频、视频制作进行信息提取；通过表演展示人物和情节；通过卷面考试检测阅读效果；通过人物鉴赏进行总结；等等。这些均收到了良好的效果。在戏剧大赛活动中，学生们通过自编自导自演，完成对课文的理解和诠释，这中间锻炼的是综合能力。于是，我非常激动地给他们写下了如下颁奖词：

鸟儿向往蔚蓝的天空，鱼儿向往广阔的海洋，你们向往自由成长。

经过近一个月的努力，你们自编自导自演了课本剧《第二次冒险》。全班总动员，剧组所有演职人员和服装、道具、灯光、音效、PPT 幕后工作人员多次排练，反复修改，不断磨合，收获了汗水浇灌的成功之花。你们用精湛的演技诠释残酷的战争，你们用巧妙的构思呼唤人类的和平。世界何时铸剑为犁，愿此人间再无战争——主题的诠释振奋人心，引起观众的强烈共鸣。“宝剑锋从磨砺出，梅花香自苦寒来。”这个二等奖来之不易，实至名归。这是团结合作的成果，这是集体智慧的结晶，这是全班同学的光荣。

在汇佳学校，类似的大型活动和展示活动非常丰富，演讲、讲课、辩论等多种展示方式交叉进行，让学生在体验中发现自己的价值。另外，社团、艺术团、俱乐部活动应有尽有，艺术方面包括绘画比赛、声乐比赛、舞蹈比赛、各种器乐演出、音乐会、文艺晚会、陶艺、摄影、电影拍摄等，都非常受学生的欢迎；体育方面包括马术、游泳、冰球、高尔夫、棒球、篮球、足球、网球、羽毛球等。学生可以有多个选择，并且在不同学期轮换学习，既使课程得以普及，又使俱乐部实现专长发展。用董事长王志泽的话说，就是要打造教育的生态百花园，让大树枝繁叶茂，小草点缀春天，百花绽放自我。我慢慢感受到，学生不仅仅是学知识，更重要的是得到能力的培养，就像隐形的翅膀助力孩子们飞向希望。

三、领悟欣赏

通过跟踪汇佳的校友发现，汇佳的 DP（大学预科项目）毕业生在国外大学适应得非常好。不仅成绩优异，交流沟通、解决问题游刃有余，在专业选择和心态方面尤其知足和快乐，并且有很多研究生到藤校学习的案例，可以说是后劲十足，这也是家长认可 IB 教育的重要原因。尤其是我女儿薛玉立从一年级到十二年级一直在汇佳，顺利完成了 PYP（小学项目）、MYP（中学项目）、DP（大学预科项目）的完全 IB 教育，今年到美国前 30 的大学加州大学圣塔芭芭拉分校（UCSB）继续深造。这让我更深入地体会到 IB 教育的真谛，越来越欣赏 IB 教育理念的魅力：每一个学生都是一座金矿，等待我们去开发、研磨、锻造。

从学生出国后的大学学习和生活情况中，我发现汇佳给孩子提供的自主学习空间很充足，学生的时间管理能力强，学习潜力巨大，后劲十足。这主要是因为汇佳的学生在学习过程中运用探究式学习的方式解决问题，不是单纯死记硬背和机械重复，而是有较强的动手能力、分析鉴赏能力、批判性思维能力和创造性思维能力。现在于麻省理工学院（MIT）读研的汇佳校友朱艺蒙同学，在 2020 汇佳新年峰会上分享时说道，在 MIT 的学习感觉就像在大学版的汇佳中学习，IB 探究式学习、自主研究的能力、IB 鉴赏论文的撰写、TOK 课程对综合能力的提高，给了她良好的学习习惯和适应大学学习的能力，在自己智商被碾压的情况下，仍能游刃有余。因为 DP 项目本就是大学预科，所以 IB 学生能很好地适应大学生活，可以说是无缝衔接。相比之下，有些学生因高中阶段题海战术而有太强的压抑感，当这种被动学习方式遇到了大学的自由开放，学生往往容易失去目标和方向，导致大学阶段的学习力下降，甚至出现挂科的现象。

著名教育家陶行知说过："解放孩子的头脑，让他敢想；解放孩子的双手，让他敢做；解放孩子的嘴巴，让他敢说；解放孩子的时间，让他去创造。"我想，这就是 IB 教育的最好注脚。

作为汇佳15年的老员工，同时作为薛玉立同学的家长，我对汇佳的感激之情发自内心，溢于言表。欣逢汇佳2019年IB大考取得11人40分以上（满分45），平均分35分，总分优秀率81%，文凭通过率达95%，53人取得满分7分，20人取得拓展论文最高等级A的优异成绩，和王丽娜老师、吴攀老师、韩莎莎老师合作完成了一首歌曲《汇佳颂》，以表祝贺，以示纪念，以飨读者。

汇佳颂

作词：薛运锋　王丽娜　作曲：吴攀　韩莎莎

龙凤山下，梧桐栖凤凰。
有一方杏坛名字叫汇佳。
依山傍水，环境优美。
双语双文化，多元发展。
啊，汇聚才子，吸纳佳人，
啊，尊重感恩关爱责任，
新型高品位国际化，
差异教学打造生态百花园。

京密引水渠畔，蛟龙腾云霄。
有一方杏坛名字叫汇佳。
设施一流，人杰地灵。
双语双文化绽放精彩。

啊，IB 理念累累硕果。

啊，莘莘学子遍布世界。

大树小草，枝繁叶茂，

唤醒自由灵魂，成长更茁壮。

啊，中西合璧，忧患意识在心。

啊，张扬个性，勇于创新。

与时俱进，育人为本，

面向未来，做一个伟大的中国人。

面向未来，做一个伟大的中国人。

《汇佳颂》表达的是对汇佳这样一所 IB 国际学校的热爱和赞美。教育学生爱家爱校爱国，从身边做起，从一点一滴做起，以小见大，心怀感恩。双语双文化的教育就是要牢牢抓住中国传统文化的根，引导孩子树立民族自豪感和民族自信心，做一个伟大的中国人。教师在自己的工作岗位上，不忘初心，勇于创新，努力办好人民满意的教育，培养输送更多的国际化人才，学成建设祖国，改变世界。

汇佳学校校训：做一个伟大的中国人

办学宗旨：新型、高品位、国际化

办学特色：双语双文化

核心价值观：尊重、感恩、关爱、责任、创新

感谢汇佳学校对女儿的教育和培养，感谢所有学校领导和老师，感

谢 IB 理念解放了孩子的头脑（提出问题，多元思维）、双手（操作实验，提笔成文）、嘴巴（大胆表达，出口成章）、时间（发展兴趣，创新思维）。

汇佳学校三名工程“创名校、塑名师、育名生”，支持教师成为研究型教师。我作为汇佳的员工及学生家长，在汇佳的 15 年里完成了一次次蜕变，不断学习成长为一名 IB 学习者。我想把自己所写的论文教学案例等整理出来，以《筑梦汇佳》为名结集出版。祝愿汇佳的教育明天会更好，期盼汇佳培养出越来越多的国际化精英人才，实现我们共同的教育梦想，同时期待给读者带来一些教育的思考或争鸣。

时间仓促，不足之处，敬请批评指正。

薛运锋于北京汇佳

目录

第一部分　班主任管理艺术

美国的钢铁大王安德鲁·卡内基曾经做过快递小哥，他说世人的所有忧虑，大多从未发生。但太多的人们陷于纠结之中，荒废了自己的美丽人生。人这辈子，其实只有一件事，那就是回归自我本质，做爱做的事儿，说该说的话，坦然无亏，心志明净，迷津千里，终不负我淡泊悠然，盛开出明艳绚丽的心境繁花。

快递是时代催生的新行业，帮助我们足不出户购买所需的商品，极大地方便了我们的生活。各行各业都需要快递小哥的默默奉献、辛勤工作的精神。我们教育工作者何尝不是一直在管理艺术的道路上不断修行，努力提高自己的管理艺术和管理水平，让每一个孩子都能走向成功。

快递小哥

你是新时代诞生的车手
你是身披冲锋衣的勇士
晨鸟欢唱声中你启程分拣
万家灯火亮时你行色匆匆
没有人计算你行驶的里程
没有人知道你错过了多少风景
千家万户快递精准投送
一个好评喜悦怒放心中
日复一日年复一年
寒来暑往苦点累点
努力拼搏家人绽放笑脸
幸福之花定是汗水浇灌

你晨迎朝阳夜披星月
你大街小巷往来穿梭
你顶着风雨踏着白雪
包裹送出方便和喜乐
默默无闻是你的工作特色
弯腰低头是你的日常动作

"五星好评"是你孜孜以求的目标

"谢谢谢谢"是你送达时得到的最好回报

就像辛勤奉献的蜜蜂蝴蝶

飞来飞去到处采集传播

城乡留下了你的足迹

默默无闻的快递小哥

道白：

你一直在路上风驰电掣

擦着汗水挨家挨户奔波

你勤勤恳恳无愧时代

咱们劳动者齐唱凯歌

咱们劳动者齐唱凯歌

每个孩子都是一座金矿

大家肯定都很熟悉“大衣哥”、“草帽姐”等草根歌手，若不是《星光大道》这个舞台，恐怕他们这一辈子也就只能过着面朝黄土背朝天的生活，永远无法实现他们的音乐梦想。由此可见，平台是多么重要，我不禁感叹：传统教育单一的评价方式会埋没多少人才啊，而汇佳学校，着眼全球，放眼未来，倡导多元化的评价方式和全人教育理念，给学生搭建各种锻炼平台，力求人人成才，使学生绽放各具特色的华彩，打造具有独特魅力的汇佳教育。作为汇佳人，我在倍感自豪的同时，深感我们每一位教师的责任重大，因为我们的教鞭下有牛顿，我们的赞赏中有瓦特，每一个孩子都是一座金矿。这就需要我们用心去发现，用心去开掘，用心去打造，才能为孩子创设他们的人生制高点，使他们的人生熠熠生辉。

每个孩子都是一座金矿。首先，我们要用辩证的眼光一分为二地看问题，趋利避害，去发现、开掘他的长处。

我们班上有一个小胖男生，他性格偏执、孤僻、自以为是，男同学基本不和他玩。有一次，学习安徒生的童话《丑小鸭》时，他质疑《丑小鸭》行文不实，看不出其大师水平体现在哪里，并且很固执地坚持自己的观点，同学们都反驳他，觉得不可理解。当时我心想，这个孩子连这个问题都没搞清楚，看来是没认真读课文啊。但是他敢质疑“大家”，勇气可嘉。我觉得这是一个契机，就让同学们分成两队进行辩论，同时提示同学们要注意遵守辩论规则：发言时要相互尊敬，等对方辩友把话说完再发言，不要抢话说。辩论自由分组，结果只有他一个人自成一队，“舌战群雄”，历时十多分钟，他终于明白了安徒生精巧的构思。所以，面对这样有个性的学生，需要沉住气，给他时间和空间，给他发言的机会，引导他全面地看待问题，展示他可爱、大胆、喜欢表演、敢于辩论的另一面，从而保护他的自尊心，趋利避害。在以后的学习过程中，他和本组的几个女同学组建了“旺仔电视台”（因该男生喜欢喝旺仔牛奶得名），有时候用课本剧表演，有时候通过绘画诠释文本，有时候表演双簧，有时候用卡通形象演绎故事，课堂参与积极性极大提高，为同学们带来了快乐。

其次，我们要学会用耐心和爱心和学生共情、共识、共商，去打磨、锻炼他们。

再给大家举个例子，我们班有一个男生爱发脾气，经常顶撞老师和餐厅工作人员，上来第一句话就瞪着眼说“为什么啊”，遇到这种情况时我也很生气，也多次批评过他，告诉他要遵守学校规定，尊重老师，遇事先分析自己的原因，也给他扣过分，但是他过后还犯。所以，我就想，给他讲的他是不是真接受了，是不是真的明白了做人做事的道理。这么一想，我找了一个合适的时间，把他叫到我的办公室，先表扬了他的优点，然后用《我是演说家》中黄国伦“以德报怨”的故事影响他。我说有一次时任某艺人协会理事长、台湾著名音乐人黄国伦和一个知名艺人发生了误会，对方指责痛骂他，最后生气地说：“只要你在这里，我就走。”当时黄国伦也很生气，心想：“那你来我走，老子也不干了。”但是另一个声音告诉他，那样的话，费心经营的公益事业就会失败。于是，他先冷静了一下，然后站起来握着对方的手说：“对不起，我向你道歉，我不应该生气，你说的我都会改，希望我们谁都不走，都能留下来。”结果对方哭了，黄国伦也哭了，然后拥抱言和，共同做成了很多事。讲完这个故事，我问他：“你觉得黄国伦做得怎么样？你有什么想法？”该学生说：“他做到了退一步海阔天空。”我表扬了他，高兴地问道：“如果他以牙还牙，或者用你的方式处理，结果会怎么样？”他说：“那样就闹僵了，不欢而散。”顺势而为，我引导他明白了要站在别人的角度想问题，以德报怨可以化干戈为玉帛，可以扭转乾坤，创造奇迹。以后遇事能不能不要老指责别人，先找自身原因。他答应试试并请老师监督。

此后，该同学尝试着改变自己，学习用商量的语气说话，遇到不顺心的事随时和老师交流，让老师帮忙监督，慢慢地学会了放平心态，遇事冷静思考，心平气和地交流，集体荣誉感更强了。寒假期间，这位学生主动给老师发信息拜年并感谢老师的宽容和爱护，保证新学期会加油做得更好，让老师放心。

每一个作为教育对象的学生都是鲜活的生命。培根说：“人的天性犹如野生的花草，求知学习好比修剪移栽。”我们承担的就是修剪移栽的责任。孩子可能不会给我们想要的，但是孩子会给我们意想不到的。面对那些无理的，甚至惹我们生气的孩子，我们不妨改变一下心态，先用爱心、耐心和欣赏的眼光发现他们身上的闪光点，用认同、鼓励、小故事让他们明白做人处事的道理，通过共情、共识、共商帮助孩子建立自信。只要耐心引导，细心发现，每个孩子都是一座金矿。从一个角度看，他可能是一块普普通通的石头，而换一个角度看，他或许就是闪闪发光的金子。

教师要敢于向学生说“对不起”

2003 年央视春节联欢晚会，郭冬临、金玉婷、小叮当表演的小品《我和爸爸换角色》，给我留下了深刻印象。其中爸爸向儿子道歉的镜头，着实让我感动。我想，在教学过程中，师生应常换角色，进行换位思考。

我在教学实践中，也曾遇到一些尴尬的情况。那是我刚接过一个班的语文课不久，在一次讲评作文时，读了一篇较好的范文。刚读完，学生便哗然，“这篇文章是抄的”。由于没有心理准备，我没有冷静处理，没有变换角度思考，而是做了这样的结论：“做人要诚实，写文章也要诚实，尤其是写作，更应写出自己的东西，如果是抄袭的话，就失去了作文的意义。”

这时，那位女生红着脸，忽地站起来，说：“老师，我不是抄的。”下课后，我把该生叫到办公室，晓之以理，动之以情，给她讲为人要诚实的道理，以求该生俯首认“罪”。但该生仍然很坚决地说：“我不是抄的，有些同学一见文辞华丽，写得好的文章就说是抄的。”

我为之一振，学生举报是否属实？

经调查核实，该生的作文有借鉴成分，但确实不是照本抄袭。我很惭愧，后悔自己没有确凿证据便受学生的影响随便下了结论，对学生起哄的行为缺乏正确的评判。

我反复思索，下定决心，面对全体同学，向该生诚恳地道歉，并表扬了该生为澄清事实而据理力争的优秀品格，批评了部分同学没有证据乱起哄的不良习惯。结果，该学生原谅了我过于简单鲁莽的做法，给我写了一封信，说这是自上学以来她第一次遇到老师向学生道歉的情况，并赞扬了老师检讨自己的大度行为。后来我们相处得十分愉快。

由此可以看出，尊重学生，走进学生心灵，敢于向学生说“对不起”，能真正体现出师生人格上的平等，并激励学生更好地发展。

（教育随笔，原载于《教育科研通讯》2003 年第 1 期）

管窥学生自主意识的激发——观《家有儿女》有感

很佩服大型电视系列剧《家有儿女》的编导，寓轻松幽默于生活琐事中，寓先进教育理念于家庭斗室间，寓深刻哲理于点滴现实中，真可谓“天地有大美而不言，四时有明法而不议，万物有成理而不说”。剧情看似轻松幽默，真实自然，实则反映现实，鞭辟入里，解剖家庭关系，诠释教育理念，是新课改理念下一部不可多得的学生教育活教材。

其中，有一集《家教风波》，引起了我深深的思考，触动了我的教育神经。刘星想必是剧中大家都喜欢的一个角色。他调皮机智，活泼叛逆，学习不好倒讲义气，成绩不好却能言善辩，语文不好但知道的成语不少。老师应该比较头疼这一类学生，家长自然恨铁不成钢。一位认真负责的家教，检查作业而不得。原来是刘星将初二所有的主课课本尽数藏于床下，竟然说借给了邻居林宁同学，还美其名曰“助人为乐”。家教感到不对头，要和他一块儿去取，他竟然说林宁的阿姨住在林宁家，面临生产而不能随便进入，必须自己去取，让家教在楼道里等着。迫于无奈，家教说今天到此为止，刘星又拿起法律武器维护自己的尊严，“你还没到时间呢，一分钱也拿不到”。家教无奈，权当义务支教。第二天，趁妈妈给爸爸找衣服的空儿，刘星让小雨帮忙将山药毛抹到毛巾上，又在茶杯里放上酱油、醋等东西恭候家教的到来。妈妈见家教老师大汗淋漓，忙寒暄，又递毛巾又倒饮料，刘星抢着说饮料已倒好，待妈妈让老师喝了后，家教被弄得龇牙咧嘴，奇痒无比，在明白惨遭暗算之后不堪“优待”，辞职不干了。

正待妈妈忙着找家教之际，一个新家教主动找上门来，说是前任家教的师兄，欣赏刘星的个性，特来领教。他采取的是以毒攻毒、顺水行舟之法，躺在床上就看报纸，让刘星该干啥就干啥，到点就走。他不仅拿钱，还要从刘星的零花钱里支出三分之一。此举让刘星及妈妈不满，刘星感觉家教骗人，不能让他每天白赚这三十块钱，就让新家教帮忙做作业，新家教先让刘星讲，待刘星讲明白了他才能做。新家教每天还领着刘星和夏雨去玩，玩得不亦乐乎。纵然刘星、小雨叫他“吸血鬼”“眼镜蛇”也全然不在乎，有时还买雪糕拉拢感情，有时给他们台球票。刘星考试仍然不及格，让新家教帮着签字。新家教答应了他，但有一个条件，就是借一还十，意思是这次 59 分签字了，下一次得考 69 分。如果下一次仍然不及格，就还 20 分，否则不签字。刘星权衡后，在告诉妈妈还是让新家教代替签字之间，还是选择了后者。新家教夸奖刘星是个男子汉、讲义气、说到做到。就这样，感情拉近了，刘星也逐渐接受了这个“吸血鬼”“眼镜蛇”家教，他也要为维护自己男子汉的尊严而努力学习，争取把借新家教的 10 分还上，但妈妈却要辞退老师了。

就在这时，新家教也来辞行，他要回学校完成毕业论文了。刘星也以 81 分的成绩交上了一份满意的答卷。新家教将每天收刘星的 9 元共计 136 元还给了刘星，并告诉刘星和小雨一个道理：积少成多，就能聚沙成塔。

我很赞成这位大学生家教的做法。该做法激发了孩子的主动性，从家教支付费用的处理到相信孩子能凭自己的努力争取得 10 分，无不触动了孩子的心灵。虽然零用钱是家长给的，但由孩子自己管理就是自己的，从这里支付家教费的三分之一本身就是刺激，是“自我”的付出，所以刘星开始懂得珍惜，激发自己要有所回报，主人翁的意识燃烧起来，自然而然地化作学习的动力。更重要的是家教的信任和表扬，家教抓准了刘星的个性特点，使刘星在“我能行”“我是男子汉”“讲义气”的心灵之舟上扬起了自信的风帆，最终走向进步的彼岸。当然，家教这种良苦用心和崇高品质也必将成为一盏明灯，时时激励刘星领悟“积跬步以成千里，积小流以成江河”的道理，让他最终走向成功！

此案例虽然未必真实，但来源于生活又高于生活。它给我们的启示是什么呢？耐心、宽容、理解、尊重是教育的法宝，是打开学生心灵的金钥匙。最大限度地尊重学生，又最大限度地要求学生。先尊重，后要求，总会在山穷水尽处峰回路转，柳暗花明。最关键的是面对后进生，不要轻言放弃，成功的教育在坚持的努力之中。

用信任留白，还成长精彩

留白，在美术创作中指留出一定的空白，给观众以想象的空间，同时带来构图上的美感。在教育教学工作中，适当留白，用信任的画笔留出心灵的空间，会收到变被动为主动、变管制为自觉的良好效果。

汇佳学校是 IBO 组织成员校，坚持 IB 教育理念，鼓励师生养成 12 大态度，即欣赏、承诺、自信、合作、创意、好奇心、同情心、热诚、独立性、正直、尊重、宽容，从而实现 10 大培养目标，提高学生的创造力。其实人人都有创造力，只是没有被激发罢了。

爱因斯坦说过："教育是什么？教育就是忘掉了学校所学的内容后剩下的本领。"教师在教育教学过程中，与其一味地教学生怎么做，不如让学生主动做些什么，所谓"口说千遍不如手做一遍"，学生发现一点比教师讲授十点都重要。教育的本质是什么？是唤醒，唤醒学生真善美的意识，唤醒学生生命的激情，唤醒学生对生活的热情。就像一粒种子，它要成长，这是其本能的生命状态，把它放到水分适宜的土壤中，假以时间和温度，它自然会冲破暗无天日的环境，摆脱百无聊赖的寂寞破土而出，迎接阳光，吮吸甘露，茁壮地成长，从而不辜负头顶的蓝天和脚下的土地。学生的培养何尝不是这样。我们需要放下师道尊严的架子，杜绝拔苗助长的行为，给学生提供平台，提供机会，提供反思的时间和空间，充分相信他们能成长得更精彩。用耐心期待，用专心培植，用爱心浇灌，用恒心坚持，用欣赏做肥料，用鼓励做阳光，用民主和平等托起孩子勇于创新的天空，用信任和宽容打造孩子独特的个性，用滴水穿石的坚守收获水滴石穿的惊喜。

在教育过程中，充分给学生留白，具体体现在以下几个方面。

一、留白给班委

教师敢于向学生说“对不起”，敢于承担班级工作中失败的责任，让班委增强责任意识，敢于承担责任，避免相互推诿。

二、留白给班长

充分信任班委会，首先要放权给班长，让他（她）能大胆施展自己的才能。班长程可馨组织了一次换座位的工作，这次工作可能会令她一生难忘。一天晚自习，部分同学去参加活动，她完成作业后，经我同意，和几个班委到教室外面商量怎样让同学换座位以利于学习。一节自习过后，他们画了座次表，终于有了定论，几个班委也为他们精心布置的座次感到高兴。在下自习前 10 分钟，他们就急着宣布了调座位的方案，结果引起同学们的一片哗然，反对声一片。我告诉同学们，调座的目的是互帮互助，共同进步，相互监督，以促进学习，不合适的可以个别调整。晚上回宿舍后，我和班长说了一句话：“调座是一个大工程，注意征求一下同学们和其他班委的意见，你已经做得很好了，这事就是班主任做也不一定能让每个同学都满意。”第二天一大早，她问我能否借一点时间和同学们说几句话，我欣然同意。结果出乎我的意料，她竟然给同学们道了歉：“昨晚一部分同学不在，我们班委仓促讨论了座次问题，实在对不起。今天晚上，在一楼会议室召开班委会，我们讨论后再做决定。”结果可想而知，第二次调座时，15 位班委发表了意见，调座非常成功，同学们都很满意，因为班委同学占了全班同学的半数。这件事充分考验了一个班干部的胸怀和处事能力，在她成长的过程中是一笔难得的财富，同时影响着其他同学。

三、留白给同学

只有充分发扬民主，尊重同学们的选择，他们的心态才会平和，他们才会有生命得到尊重的满足感。在为班级设计班徽的过程中，经过几次讨论投票，我们决定以水为八年级一班的形象，因为大善若水，水利万物而不争；只要有滴水穿石的坚守，不断努力，就能水滴石穿。确定了班徽后，由绘画较好的刘春佳同学设计制作 Logo，经过了一周的辛苦创作，终于完成。同学们看了以后，不太满意，但又没有更好的修改方案。过了几天，邝野同学让我看了她的设计：两只手托着一滴水，上边还有小舟，确实体现出了班级形象，班长向同学们征求意见，选出一幅更好的，结果大多数同学选了邝野的设计。随后，班长感谢了两位同学，我下自习后对刘春佳地说："没关系吧？"她说没事，反正将来到社会上也要面对竞争。我当时很受触动地说："是啊，竞争不同情眼泪，生活不相信如果。你有这种心态老师太高兴了。"接下来，需要将纸质画设计成电子版，这又是一波竞争。方晓千同学设计完成之后，让大家修改，原创邝野同学不太满意，认为没把她的创作意图体现出来。方晓千还专门制作了两幅形象，颜色上也征求大家的意见，基本确定下来了。结果几天后又"杀"出个李思涵，将她的设计展示出来，这次竞争更加白热化了。每个作品都是大家辛辛苦苦精心制作而成。最后，班长主持投票，最终确定采用李思涵同学的设计。竞争是残酷的，但几位同学都学会了面对失败和挫折，懂得了欣赏，学会了宽容。实际上他们都是胜利者，因为设计班徽的过程，就是他们创造的过程。留白给同学，会有意想不到的收获。

四、留白给错误

给学生犯错误的机会，知错就改，善莫大焉。这就要求我们不能拿放大镜看错误，不要把错误看得太严重。第一次犯错，老师给予原谅，老师知道谁也不想让班级扣分，为集体抹黑，这样学生就会主动认错。例如，破坏公物时自觉承认，反而以敢于承担责任、诚实守信得到表扬，让学生感到这并不是丢人的严重问题。当然，孔子说，“不贰过”。如果学生屡教不改，屡错屡犯，尤其是同一错误反复出现，那就另当别论了。

给学生留白，以信任和尊重为画笔，会收到意想不到的教育效果。当然要有整体布局的思想，胸中要有丘壑，真正做到师者率先垂范，身教重于言教，这样效果自然会呈现，相信教育者的劳动会得到受教育者的尊重和欢迎。就像农民种地所感：“你对土地好，土地才会给你好收成，而不是一味抱怨庄稼长得不好。”

（原载《新视野》2012 年第 1 期，《汇佳教育年会会刊》转载 2012 年第 9 期）

把握好教育的温度，做孩子的良师益友

时下，随着教育改革的不断深入以及国际化进程的加速推进，教师与学生的关系早已从原来的师道尊严中解冻，变成了师生和谐的朋友式关系，严肃刻板的表情化作春风般温暖的笑容，尤其是年轻的教师和学生年龄相仿，有共同语言，这在无形中拉近了师生间的距离，更容易形成融洽的师生关系。但是同时，有些教师会出现不好意思严格要求学生的情况，导致课堂纪律自由散漫、教学质量不高。那么，如何处理好这种朋友式关系和教育教学质量的关系呢？我认为，把握好师生相处的温度，既不要太冷，也不要太热，要不温不火，做学生的良师益友，才能真正落实“亲其师信其道”。

第一，把握好民主平等的度。

我们提倡严是爱，松是害，但走进学生心灵最重要。创设民主平等的教育环境，和学生朋友式相处，无可厚非，但要把握好严和爱的度。

在集体活动中，教师和学生主动打成一片，一起游戏，一起比赛，平等民主，让学生敢于创新，敢于质疑，训练学生批判性思维能力，这一点很重要。学生只有在相对自由的空间里，才会有无限的想象力和创造力，才会轻松、自由、自主地参与争辩，激发灵感，勇于创作。怎样营造这样的自由空间呢？教师需要转变角色，成为一个导演、演员、参与者、引导者、组织者、建议者，甚至可以扮演输家；有时候处理问题不当，过于简单粗暴时，教师主动向学生承认错误，这样不仅不会丢教师的面子，反而会提升教师在学生心中的魅力。因为教师也是人，有七情六欲，这样植根于学生位置上的换位思考，往往会起到事半功倍的效果，让学生跟教师的关系更加亲密，使他们喜欢教师讲课，盼着教师讲课，而不再把上课当成一种负担。

一些脾气大的教师老爱发火，尤其当遇到调皮叛逆的初中生，犯了错误还振振有词，死不认错时，因为学生一句“为什么啊？你老是找我的碴儿”而大发雷霆。这时候，教师需要控制情绪。控制情绪是一种智慧，发怒，气的是自己；发怒，伤的是感情，这是不明智的表现。所以，教师可以放低姿态，让一位比较活跃、大胆、爱管事的同学，作为监督员监督教师的情绪，不能发火，发火就会被扣分，这样和学生一起“被监督”“被评价”，学生会有很舒适的心理体验。在这种状态下，学生真正体会到了师生之间的平等，教师真心做到了心平气和，学生规则意识自然增强，管理起来也就从容多了。

第二，把握好严与爱的度。

我们提倡赏识教育，但不要忘记没有惩罚的教育是不完整的教育。

对广大中小学生来说，鼓励就像鼓满船帆的风，能给孩子树立信心，促其进步，但是针对一而再，再而三地违反课堂公约、班级公约的孩子，必须要有适当的惩罚机制，这样才可以防微杜渐，所谓“惩前毖后，治病救人”。这样做还可以训练孩子良好的受挫意识，使他们遇到事情不推卸责任，让他们不至于成为一切以自我为中心的小公主、小皇帝。

举例来说，早上跑操时同学们都跑两圈，有同学迟到了，如果不是故意迟到，一次可以原谅，迟到两次就不可以，因为“不贰过”，这时候学生就需要接受惩罚。惩罚要建立在孩子心服口服的基础之上，应该怎么做？教师一定要心平气和，不要一上来就批评，不妨问学生几个问题，让他自己学会反思，学会自觉，唤醒自我管理意识。问题一："发生什么事情了？"（已知的事情可以问：怎么回事呀？）问题二："你的感觉如何？"这样等学生梳理一下经过，冷静下来，让他的情绪有个出口，事情就好解决了。在学生冷静之后，可以问他第三个问题："你想要怎样？"这时候不管学生说出什么，先不要着急教训他，而是冷静地接着问他第四个问题："那你觉得有些什么办法？"在这个阶段，不妨跟学生做一个脑力激荡，想各种点子，合理的、不合理的、荒唐的、可笑的、恶心的、幼稚的……脑力激荡的重点就是允许任何看似无稽的想法。这时候不论听到什么，都暂时不要批评或判断。等学生再也想不出任何点子的时候，就可以问他第五个问题："这些方法的后果会怎样？"让学生自己一一检视，每个方法的后果会是什么。你可能会很诧异地发现，大部分学生都明白事情的后果。如果他的认知有差距，这时候就可以好好跟他讨论，让他明白后果的严重性。然后问他第六个问题："你决定怎么做？"学生一定会选择对自己最有利的状况，如果他了解后果，通常会做出最合理最明智的选择。即使他的抉择不是成人期望的结果，也要尊重学生的决定。接着问第七个问题："你希望我做什么呢？"（或者我能帮你什么呢？）这时候可以指出其后果的严重性，让他做出更合理的选择。等到事情过去之后，问他最后一个问题："结果怎样？有没有如你所料？"或是"下次碰见相似的情形，你会怎么选择？"让他有机会检视自己的判断。这样练习几次，学生就会有自己解决问题的能力，让我们省心了。

如果你觉得问题有点多，可以浓缩为四个问题，但前提是要耐住性子，心平气和，尊重学生的发言。精简后的问题如下。一、发生什么了？（怎么回事？）二、你觉得怎么办才好？三、这样做的后果是什么？四、听听我（老师）的意见可以吗？这样给学生一个心理疏导，让学生心情慢慢平复下来，并思考自己所犯的错误，这时候他会心甘情愿地接受惩罚，担负责任，为自己的行为付出代价。惩罚的方式可以让学生选择跑 3 圈，或者做蹲起，用锻炼的方式让他懂得自己应当遵守规则，不应该游离于集体之外，这就是担当，而不能选择逃避。如果过度宽容，就是放纵，如果太过严格，就是严苛，学生不好接受，所以运用中庸之道，给予改过机会，适度惩罚，不文明可以扣综合素质分，不守纪可以选择通过锻炼反思自身，没有按时完成作业可以利用其自由活动的时间完成，方式多种多样，可以让学生自己选择怎么办。当然惩罚的前提是不伤害学生的身心健康，这样学生既能接受惩罚又懂得知错就改，这一点尤为重要。

严格要求学生，训练的是学生良好的风纪，养成的是学生受益终身的习惯。但是，怎样规避严格要求造成的师生出现的不友好，甚至是敌意的情况。可以先表扬鼓励，后批评惩罚，把握学生心理，晓之以理动之以情才有真正的意义。

第三，把握开玩笑和幽默的度。

玩笑幽默是调味剂，可以化解教师严管之下的“厉”气，但原则问题不可让步。

师生之间适当开点玩笑，搞点幽默，学生会更加喜欢这个教师，但是教师要做到能放能收，收放自如。尤其在课堂上，如果不能及时调控，会导致课堂纪律涣散，教学失控，严重影响上课质量。课下适当的玩笑，是师生关系的调味剂，有利于彼此沟通，构建和谐关系。但是一定要把握好度，并且前提是你真心爱孩子，喜欢孩子。学生很聪明，他们能从你的眼神中读懂你的内心，能从你的表情中看出你的情绪。所以，适当的玩笑可以调和师生关系，改变严厉带来的紧张空气，使辛苦的工作更加人性化，烦琐的工作更有兴味，育人的工作更有意思。遇到原则性的问题，必须按章办事，不能让步，这样大事讲原则，小事讲感情，才会实现活泼生动的教育。

在这种轻松愉快的氛围中，学生思维活跃，想象力丰富，效率提高，效果良好。

第四，把握好挫折教育的度。

用辩证观点思考问题，失败是成功之母。

天才发明家托马斯·爱迪生发明电灯，共做了一千多次试验，在他那里，失败是成功的试验田。《纽约太阳报》一位年轻的记者对爱迪生进行了一次采访，少不经事的年轻记者问道："爱迪生先生，您目前的发明曾经失败过上千次，您对此有什么看法？"爱迪生对失败一词很不受用，他以长者的口吻对那位记者说："年轻人，你的人生旅程才刚刚开始，所以我告诉你一个对你未来很有帮助的启示，我没有失败过上千次，我只是发现了上千种行不通的方法。"心态的作用就是这样奇妙，精神的力量永远如此巨大。

美国石油大王洛克菲勒的儿子为赔了一百万美元感到羞耻而闷闷不乐的时候，洛克菲勒给儿子写信说道："儿子，如果你宣布你的精神破产，你就会输掉一切。你需要知道，人的事业就如同浪潮，如果你踩到浪头，功名随之而来；一旦错失，则终其一生都将受困于浅滩与悲哀。失败是一种学习经历，你可以让它变成墓碑，也可以让它变成垫脚石。"这就是成功人士对失败的态度，也是他们不同于普通人的特质，他们笑对失败，真正用行动诠释着"失败是成功之母"的内涵。

由此，我们可以看出，乐观的人在苦难中看到机会，悲观的人在机会中看到苦难。失败可以成为你的垫脚石，也可以成为你的万丈深渊。

人的一生中不可能只有鲜花和掌声，更多的是困难和险阻，所以适当让孩子体验不顺，才能让他们体会真正的人生，做出成功的事业。正像孟子所说的："故天将降大任于斯人也，必先苦其心志，劳其筋骨，饿其体肤，空乏其身，行拂乱其所为，所以动心忍性，曾益其所不能。"只有经过失败的历练，才会成长；只有经历过风雨，方见美丽彩虹，这是自然规律，也是成长规律。

教书育人，教育无痕，教学有法，而无定法。给学生以平台，让他们自由地展示自我，释放青春，表达内心世界，他们就会绽放出自己的光彩。教师就像园丁，需要做的就是把握好浇水、施肥、修剪的时间节点，因材施教，为学生的成长助力，如果达到了适合的温度，花草树木才会健康成长。如果得到了学生的认可，家长的肯定，领导的赏识，教育必将不会是一件苦差事，可以使教师成为万花丛中从容优雅的观赏者，成为孩子们的良师益友。

（原载《学校教育研究》2018 年第 9 期）

班主任工作总结

我用六个字总结我的班主任工作：严、爱、活、细、恒、新。

一、严

严字当头。“严是爱，松是害，不管不问要变坏。”学生可塑性很强，晓之以理，动之以情，先礼后兵，给学生犯错误的机会，关键是“不贰过”，正所谓，“知错就改，善莫大焉”。给学生留出适当的空间，学生是能接受的。要善于捕捉学生身上的闪光点，所谓“扬善于公堂，规过于私室”。树正气，扬正风，高标准，严要求，养成良好的习惯，开启良好的开端，把握好严与爱的分寸，这是塑造良好习惯的关键。

二、爱

付出一份爱，换来一片情。真心关爱学生，关键是真正放下师道尊严的架子，实现真正意义上的民主平等，和谐发展。相信每一个孩子都是一座金矿，只要家校配合，精心冶炼，就能炼成真金。教师要在各方面为人师表，起好表率作用，敢于承担责任。教师也有犯错误的时候，面对错误，敢于承认错误，就会收获学生的爱戴和家长的敬仰，这实际上是一种做人的教育。

例如，学校组织开展队列队形广播操比赛及唱歌比赛，我们班的队列队形、呼号、做操都很好，只是文娱委员组织大家选班歌时选了《隐形的翅膀》，这首歌音调高，不好唱。评委也说因为这个减了分。班会上说起了这件事，有同学说是文娱委员的责任。我就主动承担了责任，说这应该是班主任的责任，千锤打锣一锤定音，因为最后的决定权在班主任的手里，所以我难辞其咎。同学们露出了惊异的表情，但看得出，他们心里很服气。班干部主动带头检讨自己，最后帮学生养成了良好的批评与自我批评的好习惯。

三、活

活泼活跃，培养孩子们阳光的心态，天天快乐地学习和生活，是汇佳教育理念的体现。正如校长说的“吃好睡好玩好学好”。要教育孩子书山有路勤为径，学海无涯“乐”作舟，教师自己就要树立终身学习的观念，引导孩子将苦学改为乐学，方能体现汇佳“新型、高品位、国际化”的教育理念。

只要用心，就会发现我们教育的艺术性。

例如，我们班一个同学在自习课上用手机给妈妈发短信，被同学检举，要没收手机。她是副班长，所以我说副班长应带头上交，她说是因为学校改班车才给爸妈发信息。我说：“那也不能在教室里用啊！这样吧，判你的手机有期徒刑七天，缓期两天执行。”结果，大家都笑了。该同学的家长也非常配合，怕拿手机耽误孩子学习，竟然不让孩子带手机到校了。

四、细

细心发现闪光点，耐心引导成习惯。

初一学生可塑性强，一些行为习惯还没有建立，处于启迪的阶段，应该通过身边学生的一举一动启发引导他们的行为习惯。别人的笔掉在地上，看见了拾起来，对摔倒的同学扶一把，看到同学身上有灰帮助清理，针对这些好行为要给予高调表扬。在爱说脏话的孩子面前要经常表扬不说脏话的孩子，逐步引导学生的行为习惯向健康方向发展。

同时，结合自己现实生活中遇到的事例教育他们。我向他们讲了曾经发生在我身上的事，强调改变心态比什么都重要。比如，买到了火车票站票，要是想“唉，什么时候才能等到一个座位啊”，那心里肯定不快乐。要是想“我终于上车了，这样就不会耽误上班了。”，心里就会快乐很多。这种快乐是用多少钱都买不到的。身教胜于言教，我们班级拾金不昧，助人为乐的事迹层出不穷。每当这时我都会问学生，是不是得到快乐了，他们都会说帮助别人，自己也获得了快乐。

每个学生都有自己的行为习惯和性格特点，只要细心观察，经常沟通，仔细分析，认真总结，总能发现每个学生身上的闪光点，通过表扬、鼓励等方法将其放大，使其慢慢成为习惯，这就达到了教育的目的。

五、恒

掌握学生个体差异，用心体会他们的感受，持之以恒，坚持不懈地做好他们的心理工作，做好家校沟通工作。帮助学生树立自信心，鼓起克服困难的勇气，牢记“行百里者半九十”的古训，持之以恒才能取得最后的胜利。

现在的学生大部分都是独生子女，成长过程中是和大人们在一起，缺乏孩子之间交往、处事的经验，更没有幼儿时期直接与大孩子接触得到心智锻炼的机会，这就造成了有的孩子有自闭、多动、焦躁等心理疾病。针对这样的学生，我认真观察他们的一举一动，揣摩他们的心理，采取适当的引导、教育方法。

例如我们班有一位学生虽然是男孩子，但十分内向，自理能力差，自卑心理严重。为此，我为他安排了一些群体参与项目，刻意表扬他在其中的表现，树立他的自信心。家长在家中着力培养他的动手能力，一有微小的成绩，及时表扬鼓励。经过教师和家长的密切配合，鼓励引导，他建立起自信心，性格也有很大改变。特别值得我高兴的是，某年国庆后的新学期，他送给我一小包自己剥的瓜子仁，这令我感到十分意外，我立即抓了一把放在嘴里，发出由衷的赞叹："真香啊！这是老师吃过的最香的瓜子仁。"听了我的夸奖，他高兴地笑了。

六、新

用"新"织彩桥，情深意又浓。

班级及教学活动应遵照教育教学规律，允许孩子发散思维，智慧激活智慧，思维碰撞思维，使学生敢于发表独到的见解，敢于创新，不迷信书本，不迷信老师，不迷信专家。给学生展示的舞台，让他们展示精彩。

创新班级管理体制，让班长主持班会，让同学当家做主人，进行批评和自我批评，检讨不足，不断改进，努力进步，形成群策群力、献言献策的良好局面。充分信任班干部，大胆放手，明确班干部责任，使干部各负其责，积极奉献。班长主动召开班委会，调动班委同学的积极性，主动利用晚 7：00 ~ 7：30 的时间给同学们讲数学题，还帮同学们积累词语，营造了良好的学习氛围。努力创设自主管理的氛围，大胆放权，例如，班长在期末复习前通过班委会达成决议，在征得我同意的情况下，按照优带差的组合自觉安排了调座的大事，将"互帮互助，共同进步”的班训真正落到了实处。

让课堂也新起来。某次课上组织同学听了著名演讲家邹越教授《感恩父母》的演讲，学生大部分感动得流泪，一名同学谈感受时却说：“老师，我认为他演讲得不好！”我问：“为什么呢？”他说：“大声朝天喊爸爸妈妈我爱你，爷爷奶奶我爱你，外公外婆我爱你，我就喊不出来。我只会默默地用心去爱。”我大力赞扬了这位同学，因为爱有多种多样的表达方式，他有独到见地，说出真心话，使课堂有了新的生气。敢于挑战教授，并说出自己的观点，是值得他人学习的精神！结果，又有同学在写观后感时批评了邹教授的演讲，有理有据，堪称一道独特的风景。这样的课堂才能让学生动起来，让课堂活起来，让效果好起来。

班主任工作虽然辛苦，但每天能和天真的孩子们生活在一起，和家长用心沟通，真诚相处，这种感觉是快乐的，是从事其他职业体会不到的。我爱班主任这个岗位，我爱语文教学，我爱汇佳国际化的教育事业，我要用科学发展观指导我的教学实践，不断反思，不断总结，用五彩粉笔在三尺讲台上书写自己平凡而充实的一生。

念好“爱、严、活”三字经，润泽中学生活跃的心灵

尊敬的各位家长：

大家下午好！

首先，我代表初一（4）班全体师生欢迎各位家长在百忙之中前来参加今天的家长会。借这个宝贵的时间，跟大家汇报一下我们班级的情况。初一（4）班现有学生 27 人，其中男生 13 人，女生 14 人，男女比例适当。开学以来，4 班同学磨合较好，融合较快，形成了团结和谐、积极向上的班风。因为大家懂得宽容，“一只脚踩扁了紫罗兰，它却把香味留在了你的脚上，这就是宽容”，所以我们在一起，有点小矛盾都能好好解决，和平相处，像一个快乐的大家庭。我们班曾多次获得学校的风纪评比流动红旗，曾经获得运动会唯一的精神文明奖，曾代表初中部接待国际幼儿园的小朋友到我们班了解初中部的教学情况。下面，我从四个方面介绍一下近期的工作，欢迎各位给予指导，提出宝贵的意见和建议。

第一，我一直坚持的三字经是“爱、严、活”。

爱学生是一名教师的基本素养，对于班主任显得更为重要。学生感受到了教师的真心关爱，理解了教师的要求是为了他好，为了集体利益，严格管理就成为必要的条件。有的同学遵规守纪，规章制度对他们来说没有约束力，有的同学自制力差，规章制度将对这些同学产生约束力。“严是爱，松是害，不管不问要变坏。”原则性问题，如作业问题，做不完的，晚自习留下来，必须做完再走。晚 9:30，写请假条给导育老师后

再回宿舍。手机电脑的使用问题，坚决执行学校要求，手机不能在教学区出现，主任们也抓得很紧，发现就没收。第一次没收一周，第二次没收一学期。关键是严格要求第一个被没收人，其他的也就好做了。我没收的第一个手机是我们班一个比较内向的女生的，她在晚自习看电子小说被我发现，说是看时间，自然讲不过去。我跟她讲美国西点军校校训，没有任何借口，结果孩子哭了。我就告诉她："不只针对你一个人，如果单独对你的话，我可以给你，以后改了就行了，但我们是一个集体，是一个团队，如果这次给了你，其他人也会攀比，到时候也得还人家。换位思考，如果你是老师，也要一碗水端平。别难为老师了，换一个角度想，你也在这个问题上做了一个榜样，为以后同学们不在教学区用手机带个好头。"结果把她送到宿舍之后，她还是跟着我回了办公室，一边走一边哀求，我就让她赶紧回去，她就是不回。这时候我心想，你越是这样，越不能给你。一直到了 IB 楼前，她还在那儿磨我，并且还哭着说："我在小学从来没被老师没收过手机，我也从来不玩手机，不信你问问。"我说："你不要再说了，道理你也明白了，不行我马上给你家长打电话，问问他支持不支持学校的规定。"她这才不情愿地回去了。这之后，在教学区用手机的少了，但偷着玩的还是有，再没收其他同学的手机也便常态化了。"活"，就是在课下，不必非得板着脸，跟学生一块儿活动一下，比比手劲儿，锻炼锻炼，参与到他们的队伍当中，让他们知道老师对你没有成见，早就放下了。就事论事，对事不对人。你只要改正，就是进步。不要和学生斤斤计较。捕捉一点进步或闪光点就表扬，有错误就指出来，并且让大家一起监督帮助慢慢改正，一分为二地对待。所谓"扬善于公堂，规过于私室"。

第二，利用班干部进行自主管理，引导他们自我管理。

开学第二周，等同学们熟悉一点后（咱们班只有四名新生，其他的都是汇佳老生），民主投票选出了班委干部。他们是班长刘宇威，副班长梁永坦，纪律兼考勤委员秦云珊，学习委员黄振，卫生委员魏屹，体育委员董文琦，文娱委员周昀阳，生活委员金大任、刘婧、罗思天，宣传委员雒琳，路队长范丞丞等班委成员。

这个年龄段的孩子，开始有叛逆心理，性格有点像泛滥的洪水，狂放不羁，所以管理起来就要像大禹治水一样，宜疏不宜堵。

孩子们虽然才十二三岁，但是他们已具备判断力和分析问题的能力，无非是自制力差。他们心中一直有是非曲直观念，就是做不到，并且老爱挑别人的毛病，不找自身的原因。所以，我就引导他们做人要遇事不成，反求诸己。通过故事案例引导他们学会反观自己，学会尊重别人才是尊重自己。越盯着别人的缺点自己越生气，越想不通，气了自己伤了别人。每个孩子都有自己独特的个性，每个家长把孩子送到汇佳时都要求有最起码的安全保障，包括人身安全、财产安全和精神安全。当改变不了别人的时候，就改变自己，而后反思自己哪个地方做得不对，而不要老挑别人的刺。曾仕强教授讲《易经》时说过，人最伟大的力量是把自己做好，影响别人。所以，改变不了别人的时候，你就必须做好自己。我给同学们讲了一个英国顶尖大学毕业生应聘的故事，一个知名的英国公司到他们学校应聘前 50 名毕业生。面试考试完毕，该生接到了录用通知，他高兴地与亲友分享喜悦的消息。但好景不长，过了几天，招聘负责人亲自到学校告诉他，实在对不起，工作人员搞错了，你是第 58 名，所以你没有被录取，实在抱歉。这时，该生说，不是你们的错，主要还是我没有本事，没能考到前 50 名。这时招聘负责人大为感动，把他介绍到另一家大公司工作，结果这个学生因为品质优秀，别人一个月试用期之后才能签合同，他两个星期就签下来了，年薪 4 万英镑，加上奖金折合成人民币共 100 万元。这就是反思自己，凡事找自身原因带来的效应。所以，有时候同学之间闹了矛盾，我先让学生倾诉，等他发泄完了，我再做工作。我从班级里选举出 7 名有是非观念的同学帮着分析，问他们觉得应该怎么处理，怎么解决，他们的建议一旦得到认可，他们的成就感是非常强的。所以，让学生帮着做学生的工作，帮着解决同学之间的矛盾，学会自我管理，自主管理，老师把握方向，有时候能收到事半功倍的效果。再就是创设条件，以身作则，老师学会检讨自我。老师也有冲动或简单粗暴的时候。等事情处理完毕，反观是否有更行之有效的方法，在晚上班会的时候，心平气和地做一下反思，甚至说声“对不起”，给学生做一个自我反省的榜样，也是走进学生心灵的一剂良方。譬如，有一次我在阅览室上阅读课时，检查学生的字帖，发现一个同学的字迹前后不一致。我就把他叫到了面前说：“这字明显不是一个人写的。”该生很着急，说：“老师，就是我写的，不信你问我的家长，长假期间我每天坚持练字，由家长监督着我。”我说：“那都不是可以证明的证据。你仿写一下这几个字吧。”结果他一笔一划写出来的字明显和仿影的字体不一致。我说：“你自己看，这运笔之势根本不同。”他说：“老师，那是因为我写得快。”我说：“那你为什么不写成那样的证明给我看看啊？”他就急了：“老师，你冤枉人，我写快了自然就带钩了。”结果他又写了一次，还别说，这次写快了，还真带钩了，和仿影白纸上的一样。我说：“那老师错怪你了，但你也不用那么着急。”他说：“老师，就是我写的，我能不急嘛。”晚班会上，我说了这件事，自己也反思了一下，确实有误判，但这位同学的字体差别也太明显了，而后我对这位同学说了“对不起”。我又说：“任何事物都是一分为二的，从另一个角度看，显示出老师认真负责的态度，不是吗？老师也是为了督促你练好字才对你的作业进行认真检查核对。”这时，同学们的掌声和笑声一起响了起来。

第三，换位思考，“欲擒故纵”，抓住时机，“欲扬先抑”。

允许学生犯小错误，在表示理解的基础上要求“不贰过”。例如对于迟到和卫生这样的问题，当给班级扣了分的时候，给予一次机会，因为如果站在学生的角度想一想，他们本身也不想迟到，只不过因为睡得晚赖床没起来而已。这时可以说：“老师知道你也不想迟到，给班级减分，但是凡事“不贰过”，希望你下次注意，警告你一次，再犯就按班规处理。”这样一来，大部分学生会对老师的理解表示尊重和感动。卫生亦然，哪个小组扣了分，先分析原因，给一次机会，再犯就得罚做值日或减公民素质分了。我的公民素质分是这样设置的。总分 100 分，共分 8 项：考勤、文明、纪律（手机电脑等）、卫生、上操活动、宿舍、仪表校服和路队。每违反纪律一次先警告，再扣分，每次扣 1 分。实际上，按每项每次 GPA（平均学分绩点）满分 4 分计算，相当于每项都给每位同学留出了一次机会。因为 90 分就是 GPA4 分。表现好的得满分，扣分的第一次扣 1 分并不会影响学生的 GPA 分数。所以，相当于给每位同学两次机会，事不过三，学生还是能接受的。

加分设置：好人好事加分。拾金不昧加 2 分，为班级捐赠物品酌情加分。加分项单独备份记录，重在嘉奖，鼓励优者更优，差者弥补。加分直接加到学期 GPA 总分上。子曰：“先行其言而后从之。”鼓励学生默默为集体奉献。总体看来，学生为班集体热心服务的风气还是令人欣慰的。学生主动为班级和老师办公室换水，积极帮老师搬东西，帮助有困难的同学，为班级拿运动器材的现象蔚然成风。

而针对有的学生老是被扣分或违反宿舍纪律等问题，让班长主持班会讨论制定班规，大家一旦举手表决，必须按照班规执行。这样再扣分时学生就心服口服了。

下面说说欲扬先抑。对于学生想合桌坐的问题，一开始我坚决不同意，因为担心他们同桌乱说话，结果等到一月后要调整左右方位的时候，同学们再次提出来要合桌。这时候，就顺势而为，提出问题：如果不该说话的时候乱说话怎么办，不该讨论的时候乱讨论怎么办？让他们制定规则。然后，让班长刘宇威同学和几位班委负责安排座次，其他同学在外面排队，利用半节晚自习时间，换好座位我看了一下，男女生搭配，基本上还是合适的。有几个在单人单桌时就很能说闹的同学都给调开了，个别同学不太满意，由老师出面做了微调。班委的积极性很高，这时我既表扬了班委的精心设计，又让学生相互谅解，增强包容意识。个别学生微调时自行约定，一旦说话，就扣 10 分。另外，我附加了一条，一周内只要有三科老师投诉纪律问题，立即恢复原来的状态。对合桌后两个人中间部分的卫生问题，也一并做了要求。合桌一月以来，问了老师们上课的情况，反映还不错。所以，有时候，给孩子一些机会，他们也能创造出精彩。

第四，关于学生表现和学习。

截至期中考试，学习方面比较优秀的同学，综合 GPA 3.0 分以上的有（按名次先后顺序）秦云珊、顾梦涵、金大任、李冰清、于佩加、殷心悦、卢天娇、陶欣然、雒琳、陈子萱共 10 名。其中，秦云珊同学最后综合 GPA 成绩为 3.99 分，可喜可贺。邓子轩同学的 GPA 接近 3.0，差 0.05 分（GPA 3.0 相当于百分制的 80 分）。

月考中进步比较大的同学有李冰清（+2），殷心悦（+6），卢天娇（+4），周昀阳（+8），金大镐（+4），黄振（+4），高朗（+9），张扬

（+5），黄晶（+3），范丞丞（+2）共 10 名。

英语百词竞赛获得二等奖的有雒琳同学，获得一等奖的有金大任同学、周昀阳同学。

积极为班集体奉献、助人为乐、擅做好人好事的有卢天娇、周昀阳、黄振、雒琳、魏屹、梁永坦、张扬、范丞丞、高朗、董文琦、罗思天、刘婧、霍宇森、刘宇威、黄晶、肖楚愚等同学。

遵规守纪、文明礼貌、踏实认真、公民素质分数较高的有秦云珊、卢天娇、邓子轩、李冰清、殷心悦、顾梦涵、金大任、雒琳、魏屹、黄振、于佩加、史浩、高朗、陶欣然、陈子萱、罗思天、霍宇森等同学。

认真负责、积极起到良好带头作用的班干部有秦云珊、魏屹、金大任、刘宇威、雒琳、刘婧、罗思天等同学。

经过两个多月的学习，孩子们经历了月考和期中测试，孩子们的知识水平基本定性。1 ～ 4 班，是全英文班，孩子们需要度过一个全英文授课的磨合期，但是现在看来必须强化英语学习，才能适应将来 IB 高中除中文以外的全英文学习环境。就像赴美的学生 10 个月的学习一样，一开始也有听不懂的情况，但孩子们的语言学习能力是很强的，随着时间的推移，慢慢听力口语就会赶上了，但前提是要有端正的学习态度。孔子说："饱食终日，无所用心，难矣哉。"再优秀的老师，只要孩子没有压力感，没有正确的学习态度，那成绩也无法提高。目前来看，部分同学学习没有主动性，只是单纯完成老师布置的作业，上课听讲效率不高，甚至听不懂，但是却不去问。学生学习，需要做到"先预习再认真听课；先复习再做作业；先独立思考，再问老师同学"。做到了这点，孩子一定会学好。

对学习成绩不好的孩子，我们要面对现实，做好当下。不用把目标定得太高太远，否则孩子会觉得遥不可及。实际上，就像马拉松成功卫冕的选手将漫长的马拉松赛程分解为一个个小目标一样，把大的目标分解为一天天的小目标，持之以恒地听好每一堂课，认真高质量地做好每一次作业，孩子一定能成功。初中阶段不是单纯以一次考试评定学生，它注重的是过程，功夫在平时，所谓“日拱一卒，功不唐捐”。功到自然成，关键是孩子的坚持精神。

有心理学家做过跟踪实验调查，对幼儿园的孩子们做了一个测试。每个孩子分给一块糖，说是一小时后坚持没吃掉的孩子再奖励两块糖，吃掉了的孩子不再奖励。结果，一小时后，很多孩子馋得直流口水，坚持不住了，就吃掉了，只有极个别的孩子比较淡定没有吃掉。教授就又奖给了没吃掉糖的孩子两块糖。对这些孩子进行跟踪调查研究，20 年后，能坚持住没把糖吃掉并且很淡定的孩子几乎都成了大企业家和社会名流，很快就把糖吃掉的孩子几乎没有什么成就。所以，培养孩子的意志品质，学会知难而进，坚忍不拔，将来才能成就辉煌的事业。有家长问教育家，怎样才能让自己的孩子把学习搞好？教育家回答，让孩子回家摆好鞋子。摆鞋子和学习有什么关系，是自控力和持之以恒的意志之间的关系了。

本来有一个视频和大家分享，但考虑到各位家长都很忙，今天只播放其中关于教育方法的部分。这个视频就是：英豪教育集团陈忠联教授的《当代子女教育的特殊问题及对策》。如果有时间，大家可以在网上搜索这个视频看一下。最后，和大家分享一个真实的事例。一个小学二年级的学生，被一道数学题难住了，就去问他的爸爸。他爸爸是数学系毕业，走过来一看题目，给了儿子一巴掌：“这么简单的题目都不会做，真是气死我了。”而后妈妈过来看了一眼题目，抱怨道：“真是笨死了。”又给了孩子一巴掌，来了个混合双打。从此孩子对学习失去了信心。如果站在孩子的角度，换一种做法，效果就会不一样了。假如家长蹲下来，心平气和地问一下孩子，哪个地方不明白，讲解一下题目，当孩子明白了的时候，再鼓励一下孩子："宝贝，你真聪明。爸爸像你这么大的时候，可没有你这么棒。"那么，在孩子幼小的心灵里，这时的激励就像鼓满船帆的风，促其不断进步。如果没有风，船就不能前行。当然上面的故事仅仅是个例，因为望子成龙，望女成凤，有时候家长难免会着急上火，使用简单粗暴的方法，当出现这种情况的时候，如果家长能理性思考、及时反思，对孩子说："孩子，对不起，爸爸也是第一次做家长，请原谅爸爸的暴躁。"我想，这种身教无疑会好于言教。

对孩子的教育就像培育一粒种子，家庭教育是土壤，学校教育好比阳光水分，社会教育好像空气，只有我们共同培育，才能让孩子的智慧之根不断蔓延，只有根基牢固了，孩子的茁壮成长才会成为必然。当我们为孩子的成绩不理想而抱怨和着急的时候，请反思一下：我们为孩子的学习还能提供什么帮助？给予什么营养？我们是否在孩子读书学习或做作业时还在看电视、玩游戏、听音乐？我们是否会适时地给孩子信心和鼓励？我们怎样做才能不让孩子输在起跑线上？要想成为具有"领袖风范，精英气质"的国际化人才绝不是因为几句空话，凭借的是实力和能力。因此，从现在做起，一切都还来得及。例如，每天积累 5 个单词，周末家长或补习老师负责检查督促孩子，并且通过隔周复习克服遗忘规律，持之以恒，一学期按 20 周，每周按 5 天计算，每学期能学习 500 个单词，一学年就能学习 1000 个单词，三年就是 3000 个单词。现在这个年龄，正是记忆的黄金期，谁说英语基础差的同学就不能学好英语，我觉得关键看谁有毅力，谁能坚持。正所谓积少成多，聚沙成塔。

总之，对青春期孩子的教育，因为他们有叛逆心理，所以要把握好度：放手但不放纵，管理但不管制，多疏导少教导，多鼓励少批评，多讲故事案例少讲大道理。尊重孩子的生命体验，走进孩子心灵，顺势而为，才能让孩子明确责任，快乐学习，成长得更精彩。

谢谢大家！

如有不当之处，敬请批评指正。

2012 年 11 月 19 日

利用课堂内外，学会用心去爱

一、利用课堂辩论性问题，让学生多角度思考问题

故事 1：学习《爸爸的花儿落了》的时候，学生提出：“爸爸的花儿真落了吗？”有学生回答：“真落了，爸爸的夹竹桃落了，爸爸也去世了，所以说是爸爸的花儿落了。”另有学生的观点是爸爸的花儿没有落，原因是爸爸的精神之花永远开放在英子的心中。学会用心爱自己的父母，课堂设置“父爱是 ____ ”的造句。

故事 2：学习都德的《最后一课》时，有同学在总结时指出，小弗朗士不爱国，原因是他对自己祖国的语言不热爱，不知道认真学。这时候有同学就举手示意，反驳小弗朗士是爱国的，因为之前他不知道这是最后一堂法语课，当他知道是最后一堂法语课的时候，他才知道珍惜。失去的时候才知道珍惜，这是每一个人一生需要面对的课题，如果这个问题解决好了，人生也就完美了。课堂设置学习启示环节，学生会谈到爱自己的祖国和汉字。

给学生质疑问难的机会，把课堂还给学生，让学生主导课堂，会增加很多闪亮的火花，训练学生多角度思考问题的能力，自圆其说，各得其所。让学生联系自己的生活实际，用心关爱身边的世界。

二、用欣赏的眼光处理出现的问题，“疏”比“堵”的效果好

故事1：七年级一个班的4个同学反映另一个王同学不友好，有欺负人的嫌疑，想用高压的形式逼着同学们和他玩。

因为是本班同学，和班主任老师沟通后，先了解事实。经班主任了解属实后，我们一起解决。

欣赏的地方：同学们能及时和老师反映问题，没有造成更大的冲突，值得称赞；同学们理解班主任工作繁忙还带着孩子，体会老师的不易，值得点赞；本班同学相亲相爱，想着和老师共同帮助同学成长进步，很温暖。当事学生道了歉，并且受到了警告处分，最后同学们愉快地握手言和。让学生悬崖勒马，也是对他的帮助。

利用学生中出现的问题，让学生学会感受积极的能量。有时候出发点是好的，但是行为方式出了问题，这时候需要分析原因，让学生知道老师和学校都是为了他好，只有知道了这一点，他才能心服口服，做到自觉遵守制度，按老师的要求去做。

故事2：一位同学想在自习课时讨论问题，但老师因为自习纪律，不让她离开座位讨论，她对晚自习的老师说：“老师，您可以不信任我，但是您不能剥夺我学习的权利。”我得知此事后告诉她：“你想学习，讨论问题，出发点是好的，但要注意尊重老师，有效沟通。可以同学互帮互助，但是要做到，不影响第三个人。”该生见老师理解了她，便点了点头，然后我说：“你们讨论的时候会说话，怎么做到不影响别人，并且让看自习的导育老师觉得你还是在学习呢？处理好这个问题，不就双赢了吗？”该生说：“我们讨论的时候小点声，并且完成后回到自己的座位，需要讨论的时候和老师申请。”这样，师生之间的交流就畅通无阻了，学

生也理解了老师，老师也宽容了学生。

学会尊重老师，体谅老师，自然就会爱老师了。

三、用规章制度约束，告诉孩子以约束为前提的自由

出了问题，我们不怕，关键要总结经验，知错就改，善莫大焉。一分为二地看问题，就会发现，在这个过程中，通过反思比较，可以寻找更好的解决方案，不同的人都可以得到成长和进步。

故事3：欺负同学导致厌学的事例。

欺负人的同学，在老师引导下，承认了事实，老师调取监控，还原事实，该生赔礼道歉。老师对事不对人，大事讲原则，不允许欺负同学，根据《中学生管理细则》，给予该生警告处分加以约束。

受欺负者总结：需要及时告诉老师维权，制止欺人者。

从双方家长的立场。给学生讲道理。每一位家长都心疼自己的孩子，如果是你的家长知道你受欺负了，也一定非常心疼。

这样换位思考，由共情到共商到共识，问题就好解决了。

让学生通过这件事明白，同学把事情告诉老师，不能当成告状，我们听《校园欺凌》讲座的时候，律师说打小报告是讲与自己无关的事，而讲与自己有关的事是你在主动维权。因为未成年人需要老师的监护，所以问题最终要通过学校、老师解决。

学会保护自己就是爱自己，爱父母。所以，遇到问题告诉老师寻求帮助是聪明之举。

四、用有效沟通解决矛盾，告诉学生心平气和地沟通是解决问题的关键

很多问题积攒到一定程度就会爆发出来。实际上，在一开始，只要和老师反映，注意有效沟通，问题就会迎刃而解。

比如外教体育课的问题。学生反映外教让他们跑圈是针对他们，对男同学太过分。接到同学的反映后让体育组组长兰老师帮助沟通做工作，化解了学生和外教的误会，事情得到了圆满的解决。

误会发生之后，交给同学讨论，先让同学表达观点，在沟通中还原事实，大家的眼光是雪亮的，同学们在事实面前，通过反思也能认识到自己的错误。

沟通要有目标，要朝着目标的方向解决问题，倒推过来，就是你应该有正确的态度和解决问题的方法。

有效沟通要学会向内看，时刻反思自己，这才是进步的开始；当一个人学会感恩，学会关爱生命所给予的一切时，才是迈向幸福的开始。

成功垂青会思考的人

同学们：

有这样一个故事，一个黑人小孩在他父亲的葡萄酒厂看守橡木桶。每天早上，他用抹布将一个个木桶擦拭干净，然后一排排整齐地摆放好。令他生气的是，往往一夜之间，风就把他排列整齐的木桶吹得东倒西歪。小男孩很委屈地哭了。父亲摸着男孩的头说："孩子，别伤心，我知道你会想办法征服风的。"

于是小男孩擦干了眼泪，坐在木桶旁边，想啊想啊，想了半天，终于想出了一个办法：他去井里挑来一桶一桶的清水，把它们倒进空空的橡木桶里，然后他就忐忑不安地回家睡觉了。

第二天，天刚蒙蒙亮，小男孩就匆匆地爬了起来，他跑到放桶的地方一看，那些木桶一个一个排得整整齐齐，没有一个被风吹倒，也没有一个被吹歪。

小男孩高兴地笑了，他对父亲说："我知道道理了，木桶想要不被风吹倒，就要加重木桶自身的重量。"父亲赞许地笑了。

是的，我们改变不了风，改变不了这个世界上的许多东西，但是我们可以改变自己，改变我们自身的重量和我们心灵的重量，从而增加人生的厚度。

给自我加重，这是一个人不被打翻、不被打败的唯一方法。

还有一个故事。一位青年非常向往牧师的工作。面试前夕，他在下榻的酒店声情并茂地练习自己的演讲，准备参加最后的竞争。但在他演讲之前，一位应聘者的演讲内容竟然和他的一字不差。原来此人也在那家酒店入住，听他演讲得非常好，就把内容录了下来，变成了自己的演讲。这个青年非常气愤。如果是你，你会怎么做？

这个青年也曾想过要揭开那个人虚伪的面目。但如果想揭发他的话，要讲究证据，那样会影响到应聘工作的正常进行，影响他得到这份心仪的工作。于是，青年就这样对评委说："尊敬的各位评委，大家都知道，一名好牧师除了要拥有敏锐的思维和博大的胸怀，还要有超强的记忆力。刚才那位选手演讲得非常好，下面，我就展示一下我的记忆力。"青年慷慨激昂地按照自己的演讲内容原封不动地重复了一遍。最终他用智慧化解了危机，战胜了窃取他果实的应聘者和其他应聘者，脱颖而出。

智慧的力量是无穷的，可以帮助我们不战而屈人之兵，以其人之道还治其人之身，这需要广博的积累和灵活的反应。

成功是百分之一的灵感加百分之九十九的汗水。只有给自己加压，认真思考，努力拼搏，才能铸就美丽的风景；只有广泛积淀，刻苦训练，活跃思维，才能点亮智慧人生。成功属于有准备的人，有准备的人必定是会思考的人，会思考的人只要行动起来，就能拓宽人生的格局，增加人生的宽度和厚度，从而展开梦想的翅膀，朝成功的彼岸自由飞翔！

（年级全体学生大会上的发言）

如何让学生接收到我们的“真爱”

“文章合为时而著，歌诗合为事而作。”这句诗的意思是诗文创作要贴近实际，把握时代脉搏，反映社会现实。由此想到，为人师者也必须与时俱进，真正做到与时代合拍，与新时代的学生打成一片。前几日看到关于90后老师上课方式的新闻报道，有的老师用简笔画给学生写批语，有的老师弹着尤克里里和学生一起说唱，有的老师用优美的舞姿引领学生做课间操，很受学生欢迎。凡此种种，无不说明教育不变的是教书育人的本质，可以变化的是教学理念，可以改变的是教学方法和策略，用学生喜闻乐见的方式，用我们的真心和实际行动，让学生接收到我们的“真爱”。

“严是爱，松是害，不管不问要变坏。”传统意义上的严格要求虽然是对学生的关爱，但是若只凭着师道尊严的管束，教师已经远远不能走进学生的心里，甚至师生之间会出现隔阂，导致学生的反感，不利于学生的身心健康，不利于学生多元思维的训练，不利于良师益友的情感培养。

我们都想成为优秀教师，都想成为受学生欢迎的既有知识又有方法又有情怀的好教师。那么，怎么才能让学生接收到我们的“真爱”呢？我有几点体会，分享如下。

一、懂得欣赏：真心的欣赏是眼睛里流露出的温柔目光和投射出的内心温暖

“爱自己的孩子，是人；爱别人的孩子，是神。”这句话说的就是老师的爱是广博无私的。但是，“父不教子”，老师们往往在对待自己的孩子时缺乏耐心，因为对自己孩子的期望值太高。而对于学生，却能会心地微笑和耐心地倾听。多鼓励学生大胆尝试，看到进步就表扬过程，而不是简单地称赞“你真棒”，要让学生感觉到老师发现了其身上的闪光点，这样学生便可以学会运用自己的优势解决问题，扬长避短，高效沟通，化解矛盾，解决问题。

我们要时刻牢记“尺有所短，寸有所长”的道理，用差异化教学的理念打造教育的生态百花园。让大树枝繁叶茂，茁壮成长，让小草青翠欲滴，点缀春天，让小花绽放自己的美丽，对得起头顶的蓝天和脚下的土地。

每一个生命都是一座金矿，都值得我们耐心细致地打造研磨。老师们通过互相借力，配合教育，让学生知道我们是欣赏他的优点的，但是缺点和不足也一定要改正，就像小树成长过程中生出的旁逸斜出的枝丫，要在合适的时机修剪掉一样。

二、懂得尊重宽容：尊重是宽容的姊妹，真正的尊重和宽容是允许学生犯错和暴露缺点

莎士比亚说：“宽容就像天上的细雨滋润着大地，它赐福于宽容的人，也赐福于被宽容的人。”世界很小，人们只要交往就难免会有摩擦甚至发生冲突，但人心又很大，可以比天空还宽广，包容一切。

学生是鲜活的生命，不仅仅是老师，还有家长，一定要尊重孩子的想法，即使是错误的，我们也要宽容一些，沉住气去交流，多问一下孩子“当时的感受是什么？”“为什么会发生这种事情？”“有什么方法可以更好地解决这个问题？”“你如果是对方的话，你会怎么想怎么做？”，这样可以让孩子学会思考，平复心情，从而更好地解决问题。

例如，如果孩子写着作业突然跑过来说：“妈妈，我想看一集动画片再写作业！”你会怎么回应？很多妈妈可能都会这么说：“作业没写完，看什么动画片！”“可以，但是只能看一集，不能反悔，不能拖延，看完马上写作业！”“再写 15 分钟，就让你看。”

这样的回应看似没有问题，但其实背后有很多隐患：一直重复这样的聊天方式，孩子不会进步，家长也不会深度思考，这就叫“低质量聊天”。

怎么聊天更有效呢？犹太人教育孩子的“海沃塔”式（伙伴式）聊天给我做出了很好的榜样。

家长这时就应该通过提问的方式，引导孩子进行深度思考。如：“你想看什么动画片呢？你为什么喜欢它？”“不想写作业是累了还是遇到难题了？需要妈妈帮你一起看看吗？”

这种引导式聊天会让孩子思考更深的东西，让他反思自己不想写作业的原因，反思看动画片是不是最好的休息方式，而不仅仅是停留在“先看电视还是先写作业”这样浅层的选择题上。

注重孩子的思考过程，家长和老师就不会过分宠溺孩子，也不会过于苛责孩子，而是引导孩子，先消化情绪，再发散思维，最后提高孩子应对问题时的思辨能力。这样心平气和的沟通方式，让孩子感受到了尊重，使孩子愿意敞开心扉，和家长、老师促膝谈心，家长和老师从中也可以更好地解决学生的心理问题和思想矛盾。

三、懂得站在学生的角度思考问题：一个细小的动作可能让学生有所转变

遇到学生自信心不足、不愿意参加集体活动的问题时，要注重倾听孩子的需求，多鼓励孩子，提高其自信心，而不是认为孩子比别人差。一步步激励学生勇敢参与，不断修正提高的过程很重要，并引导学生谈一下感受，这样就会强化孩子的参与意识和成就感，让他们得到活动带来的幸福感和自信心，走向更大的成功。

对待成绩差或比较调皮的学生，不要过多指责，而应该用换位思考的方式，共情—共商—共识，让学生感觉到老师是理解他的，并且对他不抛弃不放弃，能给予他更多的关心和爱护。这样细致入微的关心，会促进学生的学习和行为不断改善。

例如：一名同学打篮球时右手的手指受伤了，无名指和小指打了石膏板，吃饭时拿筷子不方便。这时候生活老师看见了，让学生闭上眼睛，学生很好奇，就闭上了眼睛。老师手背在身后，旁边一个同学已经看到了，老师用眼神向他会意，点了一下头，该同学就笑着对闭眼的同学说："你可以睁开眼睛了"。该同学睁眼一看，老师手里拿着一个汤匙，他微笑着为老师竖起大拇指，并且很感动地说："谢谢老师！"旁边的同学也感受到了老师的细心和体贴，这么一个小小的动作，让学生内心多么欣慰。就是这样的小事，让学生接收到老师的关心和爱护。当然，原则性的错误出现后，我们需要温柔而坚定地进行批评。例如，若遇到学生不交作业的情况，我们肯定要督促，但不一定要大声呵斥；学生学习时遇到不会的地方我们要耐心讲解，给其提供帮助，共同克服困难，这样学

生就克服了畏难情绪和懒惰思想。久而久之，我们真心对待学生，学生的眼睛是雪亮的，内心也是纯洁善良的，他们自然也会真心对待我们，我们自然而然就成为他们心中的好老师了。

四、懂得和学生平等对话：敢于摘掉伪装的面具，敢于直面自己的不足和缺点，是让学生体会平等的关键

要想让学生学会宽容，学会悦纳别人的意见和建议，老师们必须身体力行，因为耳濡目染的熏陶远远胜过口头的说教。成人也喜欢自觉主动地做事，而不愿意听别人的建议和安排。我们经常说从善如流，但真正做到需要很开放的心态。基于此，我就尝试把自己写的小诗或歌词在全班同学面前朗诵，并投在大屏幕上，让同学们点评、修改，帮忙选择题目并说出理由。通过这种方式，让学生感到，老师是真心地在向大家征求意见并表示感谢，目的是练字练句，提高作品质量，因一字之差也可能会让整首诗词变得鲜活起来。要让大家感受到老师的目标是完善作品，所以应该善待提出意见和建议的人。并且这样可以让学生切身体会到不同的人会有完全不一样的观点，仁者见仁，智者见智，一千个读者眼中有一千个哈姆雷特。

迈出这一步真的很难，需要一种脱掉师道尊严的外衣，让学生评判的勇气和胆量，需要老师们敢于直面自己的不足，但是若真正放开了，不仅不会降低老师在学生心目中的地位，反而会让我们感受到极大的成就感。因为老师批评和自我批评的勇气和精神，已然换来了全班同学畅所欲言的笑脸，在他们的心中播下了老师坦诚相待、从善如流的种子。

为人师者，传道授业解惑也。新时代对人民教师的要求标准更高，教师需要与时俱进。教师的爱是博爱，与一群和自己没有任何血缘关系

的人走到一起，并且永远希望学生“青出于蓝而胜于蓝”，希望每一个学生都能出人头地，出类拔萃。因为这种职业精神，教师被称为“人类灵魂的工程师”，教师的职业被誉为“太阳底下最光辉的职业”。为了对得起这么光荣而响亮的称号，我们是时候放下师道尊严的架子，和学生建立伙伴式关系，真正做学生们的良师益友了。

（刊载于《教育学文摘》2019年7月第14期）

第二部分　语文教学艺术

我就像一朵小野花，一步步成长，慢慢地开花。感谢阳光雨露，风吹雨打，让我能够长大，绽放自己的美丽，吐露自己的芳华。

现代画家、散文家、音乐教育家和漫画家丰子恺说:“乐以教和。”借以词作《小野花的春天》，分享一些语文教学方面的思考。

小野花的春天

我是路旁的小野花
蜂蝶为媒传播情话
春风是我的闺蜜
春雨是我的知己
大树为我指引方向啊
小草陪伴我一起发芽
与时间赛跑长成一朵花
努力绽放自己的美丽啊
勇敢把芬芳播撒

（说唱）
心态积极向上
不辜负头顶的阳光
心怀真诚感恩
对得起站立的脚下
收获快乐，不惧奇葩
就是自己的活法

我是路旁的小野花

星星一样潇潇洒洒
我是大地的儿女
我是春阳的脸颊
虽然没有玫瑰的容颜
却年年把春天描画
与时间赛跑长成一朵花
努力绽放自己的美丽啊
勇敢把芬芳播撒

（**说唱**）

心态积极向上
不辜负头顶的阳光
心怀真诚感恩
对得起站立的脚下
收获快乐，不惧奇葩
就是自己的活法
自己的活法

把语文还给学生，让学生体验成功

文章摘要

新课改如火如荼地开展，取得了丰硕的成果，带来了很多成功的经验，但也出现了一些误区：第一，课堂教学放出去，收不回来，出现了“唯自主论”的放羊式教学；第二，课堂教学平淡，合作学习流于形式，合作学习成了合伙学习，制约着语文教学的发展。策略有三：第一，建立新型师生关系，师生和谐民主平等，倡导学生自主学习，此为基础；第二，还课堂于学生，让学生主宰课堂，激发学生的创造意识，使其体验成功的快乐，此为关键；第三，充分进行听说读写训练，进行全面的语文训练是为了学语文、用语文，此为语文学习的目标。

主题词：语文课堂　学生主体　成功体验

有人曾做过一个调查，问学生学校是什么？小学生答：“一块空地，加几座房子，加一道围墙。”初中生答：“学校是成者为王、败者为寇的地方。”高中生说：“学校是教师最得意的地方，想批谁就批谁。”从这里看出，我们的学生不喜欢学校，不喜欢教师。这应该说是教育的悲哀。学校不应该是一个知识的加工厂，一个手工作坊，学校应成为学生成长的摇篮、精神的家园、求知的乐园。如何才能让学生快乐学习，健康成长，真正成为学习和发展的主体呢？近年来新课程改革如火如荼地开展，给我们提供了很多成功的可资借鉴的经验。但同时出现了两个误区。

误区一：自主学习又走到了一种“唯自主论”的极端。

具体表现为放任自流，放出去，收不回来，课堂教学出现一种散乱无章、一盘散沙的状态。教师迁就学生的感受而没有自己的感受，教师督促学生与文本对话而自己对文本没有理解和投入。有的课堂上是“你说，他说，你再说”，任凭学生天马行空地解释文本，教师笑而不语，名曰“教学民主”。但阅读教学毕竟不是放羊。阅读教学既然是学生、教师、文本三者对话的过程，就不能光有学生的“发言”，而教师和文本却话语缺失。

现在一些文章都说，教师是组织者、引导者、促进者，是对话教学中平等的首席，但千万别忘了“平等中的首席”首先得是个技艺高超、富有激情的创造者。阅读教学中文本是以各类文章为表现形式的课文，它隐藏着作者生命意识的律动，燃烧着作者爱与恨的情感，交织着作者悲与喜的感受，低回着作者对人生悲欢离合的倾诉，表现着作者追求真理和正义的呐喊……教师自己不被文本感动，怎么能组织引导学生为此感动？教师自己的精神空间没有打开，又怎能让学生拥有自由空间？文本的解读过程应该是一个学生与教师都能被激活的过程，这是语文教学的本质特征与真正魅力所在。

误区二：课堂教学平平淡淡，合作学习流于形式。

“文似看山不喜平”，课堂教学亦然。要想突破“平”，最好的策略就是学生的精彩发现，质疑问难，有效途径就是合作探究，用智慧启迪智慧，思维激活思维，但要避免把“合作学习”当作“合伙学习”。有的课，乍一看学生讨论热烈，貌似气氛活跃，实际上有的学生根本不是在讨论问题，“合作学习”成了“合伙学习”。原因是提出的问题缺乏探究价值，激不起学生思维的火花。

作为语文老师，我认为教师应从以下三个方面使学生回归天性，放飞心灵，体验成功，并使教师走出语文教学的误区。

一、建立新型师生关系，倡导学生自主学习，这是基础

（一）师生和谐互动

哲学家康德最早提出“理念世界”，理念即信念和行动的结合。思想是行动的先导，要真正做到让学生自主学习，必须建立一种师生和谐、融洽、民主、平等的良好师生关系，才能让学生“亲其师，信其道”；必须改变课程实施过于强调接受学习，死记硬背，机械训练的现状，倡导学生自由主动参与读书，乐于探究问题，勤于动手记录、写作；培养学生搜集和处理信息、获取新知识、分析问题解决问题以及交流与合作的能力。泰戈尔赞美师生关系是“心灵与心灵的关系”。学生是需要点燃的火种，不是知识的罐子，这就要求教师变单一的认知教学为多维的体验型教学，注意情感的沟通，心灵的碰撞，改变教学，由缺少平等对话空间的讲授式教学变为综合实践教学，适当引导学生参与实践，由机械的决定性教学变为互动的交往性教学。教学过程中强调互动的师生关系，强调彼此形成一个真正的学习共同体。对教学而言，师生的交往不仅是一种教学活动方式，更是弥漫、充盈于师生之间的一种教育情境。

比如，教师用富有激情的导语激发学生的学习兴趣，以精美的课件营造良好的学习氛围，以精练的语言进行教学环节的过渡，以抑扬顿挫的声调进行语言的表达，以精要的鼓励性语言对学生的表达给予中肯的

评价，以饱满的激情和学生一道投入整个教学过程中，都能不断激发学生学习的强烈需要和兴趣，使整个教学呈现一种愉悦的情境，营造和维持学生积极学习的心理氛围。在语文教学中要做到以下“五同”的角色转变，真正落实教学民主，关系平等，教学相长：①师生同读，学生读400万字，教师读800万字，做好读书笔记，教师起好榜样的示范作用；②师生同写；③师生同讲；④师生同议；⑤师生同评。让学生带着自己的知识、经验、思考、灵感、兴致参与课堂活动，把学生的生活引进课堂，使之成为课堂学习不可分割的部分，使课堂教学呈现丰富性，使学生思维活动多元化。

除此之外，还要改变学生的思想态度。学习是暗无天日苦不堪言，还是妙趣横生引人入胜，关键是一种态度。学习是人深层次的精神需要，是“痛并快乐着”的长效劳动。只有让学生多体验成功的快乐，才能创设和谐生动的课堂，才能从成功走向更大的成功。

（二）信任学生

教师要相信学生，树立以人为本的学生观。首先，学生是时代中的人；其次，学生是“文化遗产”中的人；再次，学生是世界背景中的人；最后，学生是“生活世界”中的人，是“关系中的人”。他们有着丰富的内心世界，有自己多彩的生活。这就要求教师牢固树立“学生是学习和发展的主体”的教学思想，尊重学生，要求学生，把好尊重和要求的度，自觉改进教学方法，正确处理生命与知识的关系。以学生主动学习为主，联系学生生活体验。要知道，学生读出一点比教师讲出十点更重要，发现问题比解决问题更重要，让课堂焕发出生命的活力，要避免把“自主学习”当“自由学习”。只有这样，才能积极推动新课改的健康发展，才能改变学生厌学情绪，使学生真正做到自主学习，收获快乐。

二、还语文课堂于学生，让课堂活起来

著名教育家陶行知指出，要放飞儿童，给他时间，变结果强化为思维的探索。

要把语文课堂还给学生，学生就会提出很多意想不到的问题，这就需要教师自身努力学习，提高自己的知识水平，从而发挥自己的才智，学会归纳概括，激发学生的探究欲望，使课堂教学亮点频闪。

特级教师李卫东执教《阿长与〈山海经〉》时，将学生提出的很多问题归结为两个：一是如何评价阿长这个人；二是写阿长为什么写《山海经》。李卫东老师把这个题目引申了一下："题目为什么定为'《阿长与〈山海经〉》'，既然主要写'我'与阿长的交往，能否改为《我与阿长》？"师生共同发表意见解决完问题后，李卫东老师又提出了这样一个问题："既然改题目不如原题目好，请同学们想象一下，阿长送给'哥儿'《山海经》时，他如果用语言来表达自己的感情，会说些什么？"

（这个问题的设计，拓宽了学生的思维空间，很有探讨的价值，自然会引起学生的积极思维，让学生有话可说。）

学生 1："实在是太好了，您真伟大！"

学生 2："谢谢您，长妈妈。"

学生 3："长妈妈，我不是在做梦吧？"

学生 4："长妈妈，我以后再也不提隐鼠的事了，保证听您的话。"

教师："同学们的想象都有道理，不过我以为'我不是在做梦吧？'这句应答更有韵味，但少年鲁迅当时为什么没有说一句话呢？"

学生 5："因为太出乎他的意料了。文中也说道：'我似乎遇着了一个霹雳，全体都震悚起来。'"

学生 6："惊喜、敬佩到极点，使他激动得说不话来。"

教师："是的，沉默是最好的回答，一切的表情、动作反应都说明此时无声胜有声。的确，正是从《山海经》这里，少年鲁迅感受到人间至诚的爱，感受到朴实而又执着的'伟力'；也正是阿长买的《山海经》，使鲁迅生平第一次接触到了中国神话，萌发了文学爱好的种子；也正是由此鲁迅开始了一生的藏书生涯。这怎能让鲁迅先生忘记这印制虽粗糙、意义却不同寻常的《山海经》呢？怎能忘记这个地位低下但却宽厚仁爱的阿长呢？鲁迅先生终其一生没有写成一篇专门回忆自己母亲的文章，而对一个普通保姆却花了不少笔墨，因此题目为'《阿长与〈山海经〉》'"。

以上这段李卫东老师的语言，将课堂教学推向了高潮，加强了学生对全文的理解，加深了对鲁迅对阿长的认识。

这种归纳概括问题的做法，顺应了绝大多数同学的学习需求，没有过于纠结枝节问题，是值得称道的。与此相反，有的教师在组织提问、讨论时，学生提一个答一个，在细枝末节上纠缠不清，这导致课堂讨论流于形式，课堂整体思维散乱无章。这主要是因为教师不善于总结学生关心的问题，抓不住主要问题。这就需要教师精心备课，加强与同科教师之间的合作，提高驾驭课堂的能力，做到及时处理学生的信息，以不变应万变。

至于合作学习，必须在学习小组中明确目标任务，在小组中交流，实现学习信息的快速多维交流。例如，采取在学习小组中推选记录员记录研究成果，推选中心发言人向全班展示研究成果等形式，让学生积极参与，就能很好地避免小组学习流于形式的弊端。培养学生良好的学习习惯是关键。"即培养孩子良好的学习习惯、学习态度和学习兴趣。在这一点上，山东省聊城杜郎口中学为我们做出了良好的示范。

杜郎口中学开创了“三三六”自主学习模式。“三三六”自主学习模式以学生在课堂上的自主参与为特色，课堂的绝大部分时间留给学生，老师用极少的时间进行点拨。这种模式被称为“10 + 35”（教师讲解少于 10 分钟，学生活动多于 35 分钟）。

“三三六”自主学习模式具体如下。

“三”即三个特点：立体式、大容量、快节奏。

立体式——目标任务三维立体式，任务落实到人、组，学生主体作用充分发挥，集体智慧充分展示。

大容量——以教材为基础，拓展、演绎、提升，课堂活动多元，全体参与体验。

快节奏——单位时间内，紧扣目标任务，周密安排，师生互动，生生互动，达到预期效果。

三大模块：预习、展示、反馈。

预习——明确目标，生成本课重、难点，初步达成目标。

展示——展示、交流预习模块的学习成果，进行知识的迁移运用和对感悟进行提炼提升。

反馈——反思和总结，对预设的学习目标进行回归性的检测，突出“弱势群体”，让他们说、谈、演、写。“兵教兵”“兵练兵”“兵强兵”。

课堂展示六环节：预习交流、明确目标、分组合作、展示提升、穿插巩固、达标测评。

预习交流、明确目标——通过学生交流预习情况，明确本节课的学习目标。

分组合作——教师口述将任务平均分配到小组，一般每组完成一项即可。

展示提升——各小组根据组内讨论情况，对本小组的学习任务进行讲解、分析。

穿插巩固——各小组结合组别展示情况，对本组未能展现的学习任务进行巩固练习。

达标测试——教师以试卷、纸条的形式检查学生对学习任务的掌握情况。

课堂教学环境的变化：无任何现代化教学设施。教室的前后及背光面三面都是大黑板；教室中间使用课桌纵向排成的六排课桌，分成六个学习小组，学生分组排位，对面而坐；教室前面的讲台没有了，师生同在一方空间，同处于一个平面。

在展示环节中，几乎全部学生都有板演的机会（展示学习内容、互评互改等）；教室内的黑板不够，连地板、走廊都可以利用起来。

分组交流讨论确有实效；说、唱、演等形式无所不用。

受益最大的是语言类学科教学（成绩全县第一）；理科因受实验条件限制相对差些，但也在前列。

简而言之，主要经验为："还课堂于学生，还时间于学生（较好地解决了面向全体的问题）。"尤其是展示课上，课堂就是学生的舞台，学生真正焕发出了生命的活力，语文运用得纯熟自然，学生或朗诵或板演或唱歌或争辩或吟诗或评点，相声、小品、话剧走进课堂，创造性将课堂填满，教室前、后、侧面三块大黑板，成为各小组耕耘的沃土、创造的良田。

如果不置身于课堂之中，就想不到学生表现的精彩；如果不参加实验，就不会相信学生有如此大的潜能；如果不放手给学生，就很难体会什么叫活跃的课堂。他们的课堂是真正的"学生主宰，课堂精彩；你争我辩，快乐无限"。他们的改革实验成果被山东省教科所在全省推广，中央教科所领导和专家对其做法做出了充分的肯定。

三、还课堂于学生，充分进行听说读写训练

当代著名语言学家、教育家张志公先生讲过：“用了‘语文’这个名称，表明在这门功课里面要向学生进行全面的语言训练。”他认为，语文教学就是对学生进行口头语言和书面语言的训练。

（一）如果把名著比作园林，为人师者应把学生领进园林

不要想着把每篇课文都讲深讲透，教师的想法和学生的认识有差异，不能嚼碎了课文喂给学生，允许学生在今后慢慢体会。在课文之外，引导学生阅读自己感兴趣的书籍，养成良好的读书习惯。看到书中的美丽风景，体会到其中的趣味，之后再让学生逐渐喜欢阅读名著。“问渠那得清如许，为有源头活水来。”

余秋雨在《现代人的阅读困惑》中说：“看书要像挖井一样，只有垂直地挖才会出水。阅读后，要长时间体会，努力与作者的灵魂沟通，默默地寻找自己的生命在书海中的轨迹。”只有让自己有所震撼，有所感动，阅读主体的心灵世界才会更加丰富，写作的敏感度才会提高，内心的精神资源也才会充实和积淀。我们说目标只有一个，但道路却有千万条，关键在于是否适合自己。总之一句话，写作的动力首先是对别人文字的冲动，最后又以自己的感情冲动为归宿。

（二）“博观而约取，厚积而薄发”

具有相同经历或相似生活经历的人写出的东西为何大相径庭呢？其实，语言学家早就告诫我们：“语言是思想的实现，而不是思想的表现，从写作角度讲，感受文字才是写作的直接源泉。”其实，学生缺乏的只是

阅读和思想，而不是生活。阅读是写作的语言之源，也是写作的思想之源，心灵的丰富主要取决于阅读的丰富，而不是生活的多姿多彩。①

试想，一个从未感受过文字的人，他就无法用文字表达“高兴”这一情绪，他更无法用文字表达“高兴”“心花怒放”“喜上眉梢”的细微差别。应该说每个中学生都有自己的情感与思想，问题是写作时需要的不是粗线条的共性的东西，更不是处于生活体验阶段无法言说的情感，而是经过文字的细微区别，进一步深化与细化的情感与思想。

也可以这么说，写作过程正是文字对文字的转化，文字对文字的对话，虽然原生态的生活是处于第一位的，但在写作过程中它却是经过文字过滤后一个间接的媒介，感受生活后只有通过感受文字才能产生写作效益。生活再怎么丰富多彩，如果它没有转化为阅读文字的丰富多彩，就不可能在写作中诞生出闪烁个性化色彩的文字，作文或文学作品最有意义和生命的地方正在于同一客观对象有千差万别的主观反映。

所以，语文课必须给学生留出足够的课时进行阅览，让学生通过拓展阅读等方式扩大阅读量，通过阅览课广泛积淀，达到“积跬步成千里，积小流成江海”之目的。

（三）重视口语交际，搞好听说训练

语言首先是口耳之事，因此练口练耳是基础。过去教语言，往往忽略口、耳，只注意手、眼。这是砍掉植物的根而又希望它开花的做法。充其量叫插瓶，也许能开两朵花，然而开不多，也开不久。练口，要从发音练起，要从小训练发音准确，清晰。发音含糊，拖泥带水，把词句中的某些音节“吃掉”之类的现象必须纠正。要练读，大声地读，字读得对，句读读得清楚，读出抑扬顿挫，读出语气神情，才算合格。要练说话，要求说话一字不苟，清楚完整。说稀里糊涂的话，说半截话，都

应当纠正。“这个，这个”“那个，那个”“嗯”“啊”之类的口头语，应当避免。进一步要求说话爽朗流利，有条理。答非所问，拖沓重复，漫无边际，语无伦次等现象都应当纠正。②

说话教学，旨在培养学生在现想现说的情况下，准确、简明、流利、动听地说整段整篇的、连贯的话语能力的教学活动。通过说话教学，能够发展学生的语言表达和接受能力，活跃思想，培养良好的人际关系。说话是运用有声语言通过口耳进行交际的语言形式，具有自然性和浓郁的生活色彩。一般来讲，说话中，短句多，长句少；自然句多，严密句少；并常运用语音的音高、音长、音强、音色来表情达意。进行说话教学，必须充分注意说话本身的本质特点。说话教学的具体目标是发音准确，口齿清晰，语调受听；说话有实在的内容和明确的观点，意思集中，前后一贯，不散漫，不离题；用词妥帖，语句完整，句式灵活，无语法错误；能在限定的时间内实现说话的要求；培养良好的说话习惯，先想再说，敏于表达，不讲粗话。说话教学可以分为独白体说话教学和会话体说话教学。独白体说话教学可以采用指导学生看图说话、复述、转述、讲故事、口头作文、演讲等教学方式；会话体说话教学的方式主要有对话、讨论、辩论等。说话教学还可以与读文教学、写作教学和课外语文活动相结合，随机进行。③

总之，语文教学只要树立了以人为本的观念，把语文还给学生，教师做好引导、点拨、评价，唤醒学生的生命意识，让阅读支撑我们的生命，不断感悟和探究，就会改变长期以来语文教学少、慢、差、费的现状，真正达到生命因知识而厚重，知识因生命而鲜活的境界。

参考文献：

①姜广平，千国祥，贺学根.新课程下的写作教学[J].语文教学通讯，2003(10):14-16.

②张志公.说“练”——语言教育杂谈三[J].语文建设，1962(3):13-14.

③许嘉璐.中国中学教学百科全书·语文卷[M].沈阳：沈阳出版社，1991.

（原载于《山东教育》2004年10月第29期）

由三只马蹄表的故事想到的

有这样一则故事，讲的是一只小马蹄表和两只大马蹄表在一起工作。一天，一只大马蹄表对小马蹄表说："小鬼，你嘀嗒上 31 536 000 次，结果会怎么样呢？"小马蹄表一下子被这个天文数字吓蒙了：那样的话，他可能会散架了吧。这时候，另一只大马蹄表仿佛看透了小马蹄表的心思，他语重心长地说："小鬼，不要急，沉住气，你每秒钟只要嘀嗒一下就行了。"于是小马蹄表很愉快地接受了任务。一年过去了，屈指一算，小马蹄表恰好嘀嗒了 31 536 000 次，他轻松愉快地完成了一年的使命。透过这则小故事，我联想到语文教学，得到三点启示：小目标，广积淀，多鼓励。

感悟一：小马蹄表听了第一只大马蹄表的话，一下子吓蒙了，原因是目标太远太大。同样，在语文教学中，教学目标的定位不能太大、太笼统，而应具体、可操作，有可测性、有针对性。无独有偶，某位马拉松赛冠军在接受记者采访时曾说："我连续几届夺冠，并没有什么秘诀，只不过是将漫长的马拉松赛程分解为若干个小目标，做上标记。每当我越过一个小目标，我便有一次冲刺的喜悦。所以，我能轻松地跑完马拉松赛程。"在课堂教学中，我们也应当像那位大马蹄表一样，耐心细致，语重心长地给学生以可望并可即的目标定位，让其"跳一跳，能摘桃"。根据不同的学习基础，分层达成不同的学习目标，让每一个学生有成功感。对于意志坚强的人来说，"失败是成功之母"，对于大部分中小学生来说，“成功是成功之母”。让学生不断体验成功，像那个马拉松比赛冠军那样，力所能及地实现一个又一个小目标，增强学习的信心，鼓足求知的勇气，在走好每一步的过程中，实现人生的理想。《语文课程标准》中指出，阅读教学应培养学生良好的语感。在一次省级公开课上，一位教师就将“培养语感”定为这节课的教学目标。我认为，此目标定位就不太合适，语感是在长期的语文学习实践中养成的，“冰冻三尺，非一日之寒”，培养语感并非是一蹴而就的事情，故而应当将此目标设定为“提高朗读能力，做到读音准确，停顿恰当，读出感情”。这样的目标定位更准确、具体，有针对性和可操作性。

感悟二：像小马蹄表轻松地一秒钟嘀嗒一下一样，功夫在平时。不积小流，无以成江海；不积跬步，无以至千里。语文教学必须树立大语文教学观，广泛积累，厚积而薄发。通过背诵大量诗文，做到“胸藏万汇凭吞吐，腹有诗书气自华”。积淀丰厚了，表达就不再是无本之木，无源之水。“问渠那得清如许，为有源头活水来。”中国传统文化源远流长，五千年的文明史滋养着一代代炎黄子孙。著名诺贝尔物理学奖获得者杨振宁教授曾说：“我之所以取得现在的成就，与我小时候父亲让我背的几百首唐诗宋词密不可分。”如果说杨教授在数学物理方面的研究是在表演，那么他从小所积累的丰厚的人文历史积淀便相当于他挥洒人生的舞台。山东省中华古诗文教育学会在中小学（包括幼儿园）中开展古诗文诵读和教育教学研究活动，已收到了丰硕的成果。这一活动可谓是弘扬中华文化，培养新世纪人才的一大善举。开展古诗文诵读活动，让广大中小学生“与经典同行，与圣贤为友”，使学生的阅读面得到很大的拓展，这与新课标的精神完全吻合，为学生的终身发展做了充分的文化奠基。著名作家余秋雨说：“在孩子们还不具备对古诗文经典的充分理解力的时候，就把经典交给他们，乍一看是莽撞，实际上却是文明传代的绝佳措施。幼小的心灵纯净空廓，经典可以激发他们一生的文化向往。我本人 10 岁左右就背诵了不少诗文，直到 40 多岁能够较深刻地回味这些诗文的含义时，禁不住以万里漫游来寻找这些诗文的描述实地和写作实地，真是感受无限。我把这些感受写出来告诉读者，居然立即引起了海内外华人的热烈反应。可见他们也有过早期诵读，也有过成年以后反复重温的欲望。这种诵读和重温，在一定程度上决定了我们是文化意义上的中国人。”由此可见，让中小学生背诵古诗文，积累经典文化，不仅可以加深现代中国人的文化底蕴，增强国民素质，还能增强人们的爱国主义情感，是实现中华民族伟大复兴的一项基础工程。

莎士比亚说：“千万人的失败，都是失败在做事不彻底，往往做到离成功尚差一步就终止了。”我们积累古诗文，必须像小马蹄表一样，坚持不懈，持之以恒。我们可以在每节课前让学生阅读古诗文，也可以在早读时间让学生背诵教师推荐的古诗文，还可以通过每周开设一节古诗文诵读课等形式学习古诗文。让学生做好读书笔记，在理解的基础上广泛积累，运用不同的形式开放式记忆。当然，还可以通过古诗文朗诵比赛等一系列行之有效的活动检查学生背诵情况，做好督促落实，提高学生的语文素养。

感悟三：从第一只大马蹄表身上，我们应反思我们的教学。第一只大马蹄表不仅定了个大目标，而且问了一句“结果会怎么样”。这不冷不热的一句话使小马蹄表失去了信心，限制了它向前发展的空间。由此可见，教师必须用鼓励性的语言，像第二只大马蹄表一样，相信学生，鼓励他“只要每一秒钟嘀嗒一下就行了”。教学中，教师要用真诚、爱心、民主、平等的态度和学生对话。一个信任的眼神，一个微笑的表情，一句鼓励的话语，都会鼓足学生的信心和勇气，发挥其内在的潜能。尤其要注意捕捉学生的闪光点，用带鼓励性的中肯的评价语，激活学生的思维，让课堂成为思维碰撞思维、智慧启迪智慧的舞台。好的评价语，是点燃学生思维火花的火种，是活跃课堂气氛的催化剂，是打开学生智慧大门的金钥匙。新课改强调，教师要珍视学生独特的感受、体验和理解。教师应以鼓励、表扬等积极的评价为主，采用激励性评语。带鼓励性的中肯的评价语对课堂气氛有很强的调节作用，能激活学生思维。用或终结性或发展性的评价语，让学生感受到教师的真诚，还可以对自己的表现合理定位，会在学生内心产生积极效应。教师要改变一味用“很好”“非常好”等传统的评价语，要用辩证的眼光发现学生的闪光点，让学生树起学习的信心，有回答问题的勇气，促进每个学生健康发展。但也要注意，评价语不能一味肯定，不能没有教师高屋建瓴的指导，教师应在指出优点的同时，指出其不足或努力的方向，养成求真求实的科学作风。

一位教师教授《散步》一课，在让学生提出疑问时说：“课文讲述的故事很平凡，语言也朴素平易，但看似平淡的语言却蕴含着真挚的感情。下面请同学们自读课文，把你认为有价值的问题提出来，以小组为单位进行交流，小组不能解决的问题，提交全班进行讨论。”当学生提出，为什么说“今年的春天来得太迟，太迟了”时，学生发言很踊跃。学生1说：“我觉得‘今年的春天来得太迟，太迟’，是从时间上说春天来得很迟。”学生2说：“我觉得这句话写出了作者十分关心母亲的病情。因为作者很有孝心，母亲年老多病，在冬天饱受折磨，他看着心里难受，所以希望春天快点来，快点来，结果就觉得春天来得太迟了。”学生3说：“我同意这种观点，因为后面‘母亲总算又熬过了一个严冬’，这句话中的‘熬’字就很好地表达了这种感情，还为写母亲不能走小路做了铺垫。”学生 4 则说：“我反对你们的观点。比如，今年的春天就比去年的春天来得迟一些，去年是在农历腊月立春，今年是在正月立春。”教师说：“你是个热爱科学的孩子，能从科学的角度来解读文章的语言，这很好。不过，我更赞同另外两位同学的观点，因为他们能从情感的角度联系上下文去揣摩语言的含义，这也是语文和其他学科不同的地方。我们读课文就是要读出蕴含在字里行间的情感。”（该生微笑地点头）教师这番一分为二的评价，既没有消除学生思维的火花，又给学生指明了方向，让该生心服口服，收到了很好的效果。下面的问题探讨得就更热烈了。同样是讲授《散步》一课，在学生朗读完对称句时，教师评价：“听同学们有感情地朗读真是一种美妙的享受，这种句式多美呀！在描述的同时，更抒发了作者的一种真挚的感情。请同学们以‘母爱’为内容，学习用对称句式说一句话。”学生 1 说：“母爱是一句温暖的话语，母爱是一个安慰的眼神。”学生 2 说：“比天空更高远的是母爱，比海洋更广阔的是母爱。”教师：“很精美，有哲理。”学生 3：“母爱是哄你进入梦乡的一支小曲，母爱是你调皮捣蛋时的大声呵责。”教师：“你对母爱的体会很深刻呀！”学生 4：“母爱是你生病时母亲的轻轻抚摸，是你疲劳时母亲送来的一杯浓浓牛奶。”教师评价：“同学们说得太美了。我似乎也听到了母亲哼唱的催眠曲，闻到了送来的牛奶的醇香。亲爱的同学们，如果说轰轰烈烈的人生是一种美丽，那么平平淡淡的生活更见人间真情。只要用心观察，用心感悟，你会发现十分平淡的生活小事也蕴含着无比丰富的情感。”以上教师这段富有激情的评价，让同学们受到了美的熏陶和感染，不仅自然地达成了情感态度和价值观的目标，而且提高了学生的表达能力，水到渠成地让学生领会了“以小见大”的表现手法。再如，在讲授《我的信念》一文时，当教师设定以“居里夫人，我想对你说……”为开头，说一段话时，一名学生说：“居里夫人，您真是太傻了，您怎么不申请镭的专利呢？如果我是您，我就会申请镭的发明专利。”对这段有个性化的表述，教师运用了发展式的评价：“这位同学很有法律意识，会用法律武器保护自己的合法权益。”这简短的语言，使学生思维得到了发散，个性得到了张扬，可谓独到。由此可见，精彩的课堂评价会使课堂教学高潮不断，亮点频闪。它既是教师教学底蕴的体现，又是一种教学机智。宋代邵康节曾言：“非观之以目，而观之以心也；非观之以心，而观之以理也。”我们在教学中，必须通过以目观物—以心观物—以理观物的过程，深入观察，细致思考，不断反思，不断扬弃，从学生中来，到学生中去。在充分了解学情，走进学生心灵世界的基础上，师生共同确立具体可测的小目标，让学生广泛积累，让教师充满爱心的鼓励弥漫于课堂教学之中，从重结果转向重过程，时刻以学生的发展为本，以学生的终身发展为本，就能让每一个学生从成功走向更大的成功。

尝试教学法在中学语文教学中的运用

当前，突出影响全局并亟待解决的问题是应试教育对语文教学的严重损害。语文教学本就存在偏于技术训练的问题，因为应试教育，更有不良的发展趋势，会陷入误区。

误区一：把语文课的工具性简单化、程式化、刻板化，把生动的语文能力训练变成枯燥的纯技术训练。例如，忽略课文生动感人的因素，解词、分段和概括段意、概括中心思想，成为讲解许多课文的固定程式，特别是不启发学生独立思考，却让他们机械地背诵现成的结论。

误区二：脱离生活，脱离社会。阅读不重视引导学生运用生活体验领会文章的妙要。尝试教学法作为一种先进的教学方法，以其显著的优势被运用在数、理、化等学科中。根据其“先练后讲”的原则，结合目标教学“以一家为主，融汇百家，自成一家”的包容性特点，在语文教学中，我做了一些有益的尝试，把两种教学法结合起来运用。

一、教学生学会阅读，不限制学生读课外书

在初一上学期，我们将整个初中阶段的生字新词用韵语诗歌的形式编成教材，用一个月的时间让学生在具体语境中集中掌握整个初中阶段的识字识词量。扫清字词障碍后，我便组织学生自办班级图书馆，将童话、故事、小说、诗歌、科普读物等健康书籍全部充实进来，自编书目，让学生根据自己的兴趣和爱好自由阅读。开馆阅读前，先让学生讨论读

书有哪些方法。同学们通过讨论，知道读书有精读欣赏和略读浏览，有感情地朗读和默读体会等方法。这样，让学生根据自己的实际情况自选不同的读书方法。阅读中，要求学生读议结合，就同一篇作品展开讨论，各抒己见；也可就不同作品谈自己的认识和感想，写读书笔记或做摘抄，或归纳提纲，或记感想、疑问等，甚至还可以自己“编故事”。不会不懂的可以问老师，老师不懂再请教其他老师或查阅资料。这样既加强了课内字词、语法、修辞手法等基础知识与技能训练，也增加了学生自由自主学习的兴趣，使其养成良好的读书习惯，更加大了他们的阅读量，为写作打下坚实的基础。

二、教学生学会赏析课文，课本所选文章不必一一讲解

“教是为了达到不用教。”课堂教学中每教一篇课文前，我都要求学生以课文题目为题，先练笔，列一列提纲，谈一谈构思，而后找几名同学发言，看同学们是如何写的。简单评议后，让同学们打开书本，预习新课，同作家对话，同古人对话，这样便激发了学生学习领会名家名篇妙要的兴趣。与此同时，我要求学生讨论三个问题：文章写了什么？怎样写的？为何这样写？然后共同制定教学目标，使目标的激励作用和指向作用贯穿课堂始终。教师为达成目标而教，学生为达成目标而学。

为便于学生讨论，更好地检验讨论成果，我将学生按上、中、下分成6～8个异质学习小组，每组推选一名积极性高、责任心强的同学任组长。异质小组的建立，便于展开竞争。每当发言时，小组之间往往是激烈争论，各抒己见，兴味盎然，在争论中体会到语文的魅力。学生之间、小组之间还可以相互质疑问难，不明白的问题尽量让学生自己解决。对于学生拿不准或讨论中未涉及的重要内容，教师可发问：“这个问题

哪个小组哪位同学可帮老师解决？”实在解决不了的，由教师引导学生解答。

通过以上的综合训练，师生共同总结出了一些规律：分析诗歌要做到入诗—入情—入境；分析小说要从环境、人物、情节入手；分析散文要从“形”与“神”的结合入手；分析记叙文要从六要素入手；分析说明文要抓住被说明事物（理）的特征，从说明方法、说明顺序入手；分析议论文要从论点、论据、论证三要素入手；等等。这样一来，学生学会了分析文章结构，懂得了赏析文章的方法，课本中的课内阅读课文和部分优秀的自读课文便交给学生自己试讲，教师最后总评。此举锻炼了学生的胆量，培养了学生的综合能力，调动了学生学习的积极性，真正达到学为所用的目的。

三、教学生学会写作，不限制作文体裁

“读书破万卷，下笔如有神。”书读多了，资料库充实了，自然会产生表达的冲动，“写”就是水到渠成的事了。我们结合理、化、生等学科，让学生学会写实验报告、活动记录、使用说明等应用文体，让学生知道学科之间是相互联系而不是孤立存在的。对于一般习作，在写作训练时，为培养学生创造性思维能力，可以不限制体裁，让学生自由发挥，驰骋想象，写自己想写的事，抒自己想抒之情，言自己想言之志，从而为学生从丰富多彩的生活中选材创造了便利条件。那么，如何更好地教学生学会写作呢？第一步，我们根据“教为主导，学为主体”的教学原则，遵照“先练后讲”的教学思想，先让学生明确作文目标。目标明确后，回顾课文中对本次作文有益的片段、句子、表达方式、写作方法等，学人之长；然后各学习小组交流平时准备的材料，以起到相互借鉴、互

相补充、扩大视野的作用。同时，通过学生发言，教师对学生所准备的材料进行评价，并指导学生如何选材，材料选好后让学生编写提纲，让学生根据提纲口述构思，师生共同评议，教师用鼓励性的语言对每一位同学口述中的“闪光点”进行积极的评价。如此一来，学生可以体会到教师对文章不求全责备，使他们的写作兴趣盎然，敢于崭露头角。第二步，进入写作阶段。根据上一节课评议指导的情况，利用一节课时间，让学生趁热打铁，把作文写出来。教师在学生写作文时要注意巡视，注意发现哪些学生写得好，哪些学生写得差；哪些需要鼓励，哪些需要指导。做到心中有数，搞好预测，为讲评课打下基础。第三步，讲评。先让学生分组讨论作文难点，然后指名让学生说出本次作文难点，了解学生写作中的问题，梳理出讲评重点。

学生对作文的态度有三类，教师应认真调查分析，因材施教，对症下药。一类学生是喜欢作文，这就要求教师多加指导，引导学生课外多写文章，力求提高，争取发表；一类学生是不大喜欢作文，这就要求教师多加鼓励，以达到使学生喜欢作文的目的，给他们信心；一类学生是厌恶作文，对这类学生，只要学生能写出文章来，教师就要尽力发现其闪光点，以使他们先入门，入门后，再逐步深入，以求上路。这样做可以为学生大面积提高作文质量打下坚实的基础。

总之，目前的语文教学中，改变传统的语文教学模式，培养学生的阅读兴趣，养成良好的阅读习惯，加大学生的阅读量，积累丰富的资料，可以为写作打下坚实基础。大语文教学观有利于培养学生的语文能力和审美情趣，这需要广大语文教育工作者共同努力，为构建新的语文教学模式而不懈探索。

（原载《中学尝试教学设计》，教育科学出版社，邱学华主编）

语文“生活化”　生活“语文化”

著名科学家爱因斯坦说：“所谓教育，是忘却了在学校学的全部内容之后剩下的本领。”一位老师再优秀，最多只能给孩子以引领、启发和技巧，不可能将其所学让孩子全学会。所谓“师父领进门，修行在个人”，个人的学习态度、学习习惯和领悟能力，又直接作用于学业成绩。当今是信息时代，传统的师道观念“传道授业解惑”也应当与时俱进，升级为以学生为主体的“悟道求业明惑”，充分调动学生学习的积极性，让学生喜欢读书，勤于读书，乐于读书，学会倾听，善于表达，这才是我们所追求的语文素质教育的最佳境界。

为达到这一境界，汇佳学校领导高瞻远瞩，提出了“出口成章，提笔成文”的语文训练目标。要实现这个目标，就要大量阅读，大量写作。学校明确提出语文教师的任务就是要教育学生喜欢读书，勤于思考，善于表达（包括口头表达和书面表达）。这也就是爱因斯坦所说的本领。

要改革，就要有动作。传统的课本已远远不能满足学生大量阅读的需要，也不能激发学生的阅读兴趣。学生所学的几乎是与自己生活无关的“名家名篇”，因为教师所讲的更多是围绕“考试抓分”而来的“阅读分析”“写作借鉴”。至于怎样做，我们曾认真地研究过。为何我们不能开发母语广阔的生活资源和学习空间，避免学生被动学习，助其摆脱厌学情绪？我们通过学习研究叶圣陶、吕叔湘、张志公、于漪等语文教育大家有关“语文与生活”关系的一系列精辟论述，并联系自己的语文教学实践，深感要使学生真正扎扎实实地掌握并得心应手地运用语文这一工具，就必须打破语文与生活之间的“厚障壁”，让语文教学与学生心灵相通，让语文课堂与社会天地相接壤，使语文教学突破“应试语文”的束缚而成为“生活语文”。

我们分三个板块授课，即口语交际与综合性学习、阅读教学和写作教学。每周一节口语交际与综合性学习课，一节讲读课，一节课内阅读课，一节名著阅读课，一节写作课。当然课时还远远不够，关键是让学生养成良好的习惯。术业有专攻，任课老师责任分明，目标明确。读什么？怎么读？不订教材不等于没有教材。我们在选取课本、讲读传统经典篇目（根据《语文课程标准》和北京市《中考说明》选定）的基础上团结协作，努力创造条件，引领学生阅读推荐的书目（包括 IB 推荐的阅读书目和教育部推荐的阅读书目）。补充时代气息浓厚、教育意义深远、学生喜闻乐见，并与学生生活息息相关的时文美文。有时也让学生在读书过程中将自己喜欢的文章推荐出来，这样既让学生学会了欣赏，又训练了基础知识；还可以让学生自己设计阅读题目，让学生动起来，展示自己，主宰课堂，还语文以精彩，这样既夯实双基，又激发兴趣。例如教师甚至把学生爱读的金庸小说也引进课堂，大家知道，金庸先生的文学素养深厚，其作品想象力奇特，深受学生喜欢。学生读完之后，分享读书心得，畅谈读书感受，品评书中人物形象，分析作者语言艺术，变被动的灌输为主动的阅读体验，变教师枯燥乏味的分析为与语言文字的亲密接触，让学生在语言文字的密林里漫步，在书籍的海洋里遨游，在名著的天空里自由翱翔，变传统的“圈养”为自由的“放养”。教师通过写读书报告、读书笔记以及举办读书交流会等形式检测学生的阅读情况，有指导，有检查，有交流，学生参与积极性高，用思维激活思维，用智慧点燃智慧，活跃课堂气氛，从而有利于语文课堂效率的提高，其效果不言而喻。这些充分体现了汇佳学校新型的办学理念，这种理念落实在语文教学中，表现在两大方面。

一、语文教学“生活化”

所谓语文教学“生活化”，强调的是教师在传授语文知识和训练语文能力的过程中自然而然地注入生活内容，进行生活教育，让学生明白陶行知所讲的“生活与教育是一个东西，不是两个东西”。在学习语文的同时学习生活，并磨砺人生。其包括三点：①语文讲读“生活化”；②语文训练“生活化 ”；③语文教育“生活化”。下面以语文训练“生活化”为例做一下阐释。

这里的训练，既指语文知识的巩固，又指听说读写能力的提高，语文训练“生活化”，要求教师的训练应着眼于学生的学以致用，所用的训练材料，应尽可能来自生活。即使是教材上的练习，也应尽量挖掘其与学生生活的联系，这样学生在接受训练时，便会认识到掌握知识、培养能力不只是为了应付考试，而是为了更好地生活。例如，讲短语、句子知识，可以从学生交的请假条入手；改病句练习，最好从学生日记、作文中找例子；修辞方法的训练，不妨联系学生熟悉的各类广告……另外需要注意的是，语文训练是最容易在“统一标准”中扼杀学生的思维个性，因此我们尤其应该注意保护甚至鼓励学生的创造欲望。例如，有教师在上口语交际课时，精心备课，采用大家喜闻乐见的形式，充分调动学生的积极性，让学生讲社会见闻，介绍十大英雄人物，组织新年晚会讨论；用绕口令训练学生思维，开展百词竞赛，讲成语故事；阅读探秘书籍，让学生读了再说，有的同学竟然一连讲三节课而欲罢不能；开展才艺展示活动，如说单口相声、对口相声、群口相声，不说相声的讲笑话或故事，不讲故事的展示一下演奏萨克斯。给学生一个机会，比简单粗暴的批评不知要好多少倍，关键是既训练了学生的胆量，又让学生有成就感。用音乐来说话，不是更有创意吗？东方不亮西方亮，尺有所短寸有所长。演奏完萨克斯，让学生谈谈对音乐的理解，课堂不又有了新的生气吗？而教师针对中学生早恋现象，组织辩论会进行讨论；建国60周年庆之际，看电视剧《潜伏》，组织学生讨论需不需要吃战争年代的苦，需不需要进行传统革命教育；还可以下载一个视频片段，让学生看完并进行点评。这样的课堂，学生能不喜欢吗？

著名语言文字学家吕叔湘先生认为，使用语文是一种技能，跟游泳、打乒乓球等技能没有什么本质的不同。任何技能必须具备两个特点：一是正确，二是熟练。要正确必须模仿；要熟练必须反复实践。大量阅读、大量写作的要求正体现了这一思想。

作文，写什么，怎么写？联系时事热点、新闻事件，让学生写身边事，抒真感情。不会写也不必怕，先读文，再复述，谈感受，只要与自己比较有进步，就是值得表扬的。作文老师努力创设作文训练空间，用日记、随笔、博客、读书笔记、读书报告、大作文等形式，多方位为学生提供展示的空间，并挑选学生的优秀习作，将其打成电子稿，为将来学生出个人文集做好充分的准备。同时可以建议家长予以关注，为孩子出一本书，给孩子的成长留下珍贵的足迹，激发孩子的创作热情，为孩子成功的未来增色添彩。下面以写日记为例，讲一下训练效果。

教师要求学生每天写日记，刚开始有不少学生总喜欢编造脱离自己生活实际的“成人化”语言，具有“英雄化”思想。针对这种情况，我们就跟学生讲，说真话、写真事、抒真情，是日记的生命。同学们在没有成为雷锋之前，却编造自己的所谓“雷锋日记”，这首先不是日记是否真实的问题，而是做人是否真诚的问题。每一位同学的生活都是一道独特的风景，每一位同学的心灵都是一个独特的世界，为什么到了日记本上却如此“规范单一”呢？经过多次引导和训练，学生们逐渐明白了，日记不是交给老师打分的“好人好事讲演稿”，而是自己心灵的轨迹和生活的镜子。后来他们越来越习惯于写朴实无华而又各具个性的日记了。“我手写我心，生活处处皆语文。”这样一来，学生的素材积累丰富了，敢于下笔了，兴趣提高了，不再怕写作文了，作文水平提升很大。有很多同学能在规定的时间里写出文质兼美的千字文；有的同学能将零散的读书笔记加以整理，形成整体性的论文；有的同学还能创作小说。马云龙、丁依文同学分别出版了个人文集。丁依文同学的书由香港一家出版公司出版，已在书店上架发行。

二、学生生活“语文化”

所谓学生生活“语文化”，强调的是学生在教师的引导下，具有“语文是生活的组成部分，生活须臾离不开语文”的观念，并养成事事、时时、处处吸收与运用语文知识，在社会生活中培养语文能力的好习惯。其包括三点：①日常生活“语文化”；②班级生活“语文化”；③社会生活“语文化”。下面以班级生活“语文化”为例做一下说明。

例如，班委选举时，让学生先写自荐书或上台讲演；每堂课安排一名学生进行“一分钟讲演”，评论班级生活；班干部在黑板上写通知，让全班同学看看有无错字、病句；要开新年联欢会了，让学生写“我设计的联欢会”说明书；等等。

在语文教学中淡化“应试”观念，强化“生活”意识，严格遵循语文教育的规律，培养学生终身受用的语文素养，学生的应试成绩也自然令人欣喜。

毕淑敏说：“家是什么？家就是让你高飞而又有一根线牵扯的风筝轴。”化用在语文教改上亦然，“语文教改就是既让学生高飞又有一根线牵扯的风筝轴”。

只要以学生为主体，加强与生活的联系，让学生体验到生活处处皆语文，留心处处皆学问，就一定会爱上语文，点亮智慧人生。

（原载《新课程》2018 年第 26 期）

营养源自本真

汇佳学校的宣传画“营养源自本真”，给我留下了深刻的印象：一个婴儿在专注地吮吸母乳。眼神是纯真的，画面是开放的，人物是国际的，营养是本真的。

——题记

反思我们的教育教学，在汇佳 IB 理念的指引下，通过学生的兴趣点激活课堂，通过学生的质疑点来引领思维，通过学生的展示来调动学生参与的积极性。正所谓以学生为主体，以展示为载体，以参与为主线，以生活为源泉，唤起学生的生命意识，锻炼学生的批判性思维，通过探究式学习，形成核心价值观。

作为语文教师，我一改传统的讲授法，在 IB 语言 A：语言与文学的评估标准的指引下，训练学生的分析能力、质疑精神和解决问题的能力。从学生的实际出发，自学能学好的就不再讲，小组合作能解决的就组内解决，组内解决不了的再提出来群策群力共同探究，寻求一致意见。因为语文教学不是 1+1，答案不是唯一的，从不同的角度看问题会得到不同的答案，正如诗中所云，“横看成岭侧成峰，远近高低各不同”。

中国科学家经研究发现，学生在不同方法的指导下，24 小时后的记忆平均保持率呈金字塔形分布，如下图所示：

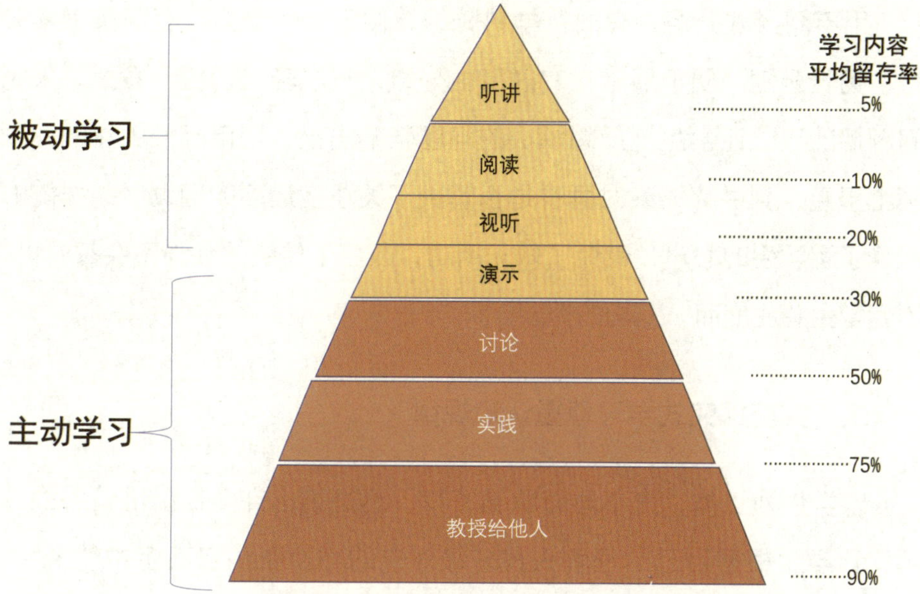

因此，在教授课文时，我的做法是：变传统的老师讲为学生集体备课，学生向其他人讲授展示。以文言文为例，传统的做法是字词解析，死记硬背，分析课文，老师将知识点嚼碎了喂给学生。在 IB-MYP 理念指引下，我让学生分组分任务进行研究，用自己喜欢的方式解读文本，围绕三个评估目标，即标准 A：内容（接受和产生）；标准 B：组织结构；标准 C：文体和语言，引导学生思考几个问题：文章写了什么？怎么写的？为什么这样写？三个问题分别对应三个目标。实际上是对应文章内容和主题、结构手法和现实意义、写作方法和语言的赏析。明确要求后，各组同学充分讨论探究，设计形式，使尽浑身解数去展示、讲解、测试、考察。具体策略如下：

一、多种形式分组利于合作

用不同方式分组。有时按学科分组，便于合作交流；有时按兴趣分组，扬长避短，便于展示；有时自由分组，气氛轻松，便于发挥。采用问题墙的形式让学生把最想解决的问题张贴出来，把自己最关注的问题画上星星，到讲解结束时再看是否解决了关注度最高的问题。这样能够准确了解学生的心声，避免了做无用功，改变了传统的会与不会都要讲，不管学生关注度而一刀切的弊端。

二、实施探究式学习尊重认知规律

以学生为主体，先不急着明确答案，而是给出许多提前准备好的选项，让学生根据自己的理解去找班级对应的栏目张贴自己手中的卡片。这样一来，学生争相去查阅相关的知识点，然后将自己手中的卡片找准位置贴好。这样做的好处一是活动起来不至于分散精力，二是学生的求知欲得到了有效激发。在共同分析对错的过程中，学生基本上把概念的重点把握了，然后让大家总结一下，一个新的概念或原理就讲解清楚了。这是一个高效并遵循教育规律的好办法。

三、多种方式调动参与积极性

通过学生平常真实的行为表现，分析学生的智能，根据智能分组，然后领取任务，分别对所学主题进行解读。音乐智能的展示有歌曲或MTV，视觉空间智能的展示有绘画，身体动觉智能的展示有课本剧，语言智能的展示有剧本创作、书信和诗歌创作，数学智能的展示通过画图表比较异同点等。在学生的观点产生分歧的时候，不要急于亮出老师的观点，而是要组织学生通过讨论甚至辩论得到更深层次的认识，达成共识。

课堂上，有的小组用课本剧表演的形式展示了《唐雎不辱使命》的精彩情节，有的小组用选方格中炸弹的游戏形式调动同学质疑问难的积极性，有的小组采用抢答的形式检测同学们掌握知识的情况，有的小组用电视节目的形式吸引大家的眼球……形式多种多样，课堂妙趣横生，异彩纷呈。

尊重学生的想法，从课堂实际出发，抓住课堂上生成的火花，及时引导学生活跃的思维，改变了传统教学肢解课文的做法，使学生感觉学习语文不再枯燥乏味了，变被动学习为主动吮吸营养。

IB理念给我们提供了广阔的空间，批判性思维在汇佳课堂上得到了充分的展现，学生个性得到了充分的张扬。“一千个读者眼中有一千个哈姆雷特”，学生不再只看到白板上的一个黑点，而是除了黑点以外还能看到大面积的白板，这样使学生避免了孤立单一的思维方式，让其辩证思维能力得到强化，学生能够全面地看待问题。有了良好的理念，重在老师们想方设法地落实。当看到学生上完课后那灿烂的笑脸，我感觉汇佳学校一定会汲取IB理念的本真营养，绽放出一片粉嫩娇红。

——后记

（原载《新视野》2012年第6期）

让学生主宰，还语文精彩

近年来，新课程改革给教师提供了很多成功的可资借鉴的经验，但同时出现了一些困惑：如何才能让学生快乐学习，真正成为学习和发展的主体？如何才能让课堂生动活泼，摆脱学生厌学的现实？

作为语文教师，我认为，应从以下几个方面帮助学生回归天性，放飞心灵，体验成功，走出语文教学少、慢、差、费的困境。

一、建立新型师生关系

泰戈尔赞美师生关系是“心灵与心灵的关系”。学生是需要点燃的火种，不是知识的罐子，这就要求教师变单一的认知教学为多维的体验型教学，注意情感的沟通，心灵的碰撞，建立一种和谐融洽和民主平等的师生关系，这样才能让学生“亲其师，信其道”。

（一）师生和谐互动

对教学而言，师生的交往不仅是一种教学活动方式，更是弥漫、充盈于师生之间的一种教育情境和精神氛围。比如：教师用富有激情的导语激发学生的学习兴趣，以精美的课件营造良好的学习氛围，以精练的语言进行教学环节的过渡，以抑扬顿挫的声调进行语言的表达，以精要的鼓励性语言对学生的表达给予中肯的评价，以饱满的热情和学生一道投入整个教学过程中，都能不断激发学生学习的强烈愿望和兴趣，使整个教学过程呈现出一种愉悦的情境，营造和维持学生积极学习的心理氛围。在语文教学中要做到“五同”的角色转变，真正落实教学民主、关系平等、教学相长的方针，开垦好课堂这块良田。“五同”即：①师生同读，学生读400万字，教师读800万字，做好读书笔记，教师起好榜样示范作用；②师生同写；③师生同讲；④师生同议；⑤师生同评。让学生张开嘴巴说、唱、辩，动脑思考、想象，动手表演、绘画、制作。解放他们的头脑，解放他们的手脚，让他们不仅是听众，还当小老师讲课，当评委点评，当作者陈述，当导演编创，当演员演出，当画家作画，采用多种形式让学生展示，体会参与、创造、展示的快乐！

（二）让学生体验成功

新课标启示我们，必须改变课程实施过于强调接受学习、死记硬背、机械训练的现状，倡导学生自由主动参与读书，乐于探究问题，勤于动手记录、写作，培养学生搜集和处理信息、获取新知识、分析问题解决问题以及交流与合作的能力。这就要求教师由缺少平等对话空间的讲授式教学变为综合实践教学，适当引导学生参与实践，让他们体验成功，兴趣便会油然而生。

例如，我倡导学生自发成立文学社，自己命名，自己设计，给学生自由的时间和空间。文学社成员查阅了大量资料，组织了几次社团会议，利用课余时间及自习时间组稿、审稿。一学期下来，一本精美的杂志《再见，记忆海》呱呱坠地。虽显稚嫩，但这是他们辛勤劳动的结晶。全体同学主动参与，举行了首发式，进行了售书活动，收获颇丰。学生们劳动着，快乐着，忘记了吃饭，忘记了疲劳，沉浸在幸福之中。这本杂志犹如一块文学芳草地，受到了校领导和广大师生的一致好评，调动了同学们语文学习的积极性，让他们体验了创造性劳动的快乐。下面是主编在卷尾信中写的一段话：

如果说世界上是有奇迹的，那么这个文学社，只是一帮怀有同样梦想的平凡人对奇迹的渴望……

就像我。

我曾经幻想，自己会是一个伟大的开荒者，然而我什么也不是。有时候，坐在教室里，望着窗外的蓝天，很容易忘掉了自己只是蜷缩在课堂的一角，与别人做着同样的事，同样的梦。抛开身外的一切，此身别无长处，只有一颗心，与痴痴的梦幻和梦想交织在一起，发着光。

那个冬季，总是忙忙碌碌的，手指在键盘上敲着字，鼠标点着一串串的悲伤与振奋，失败了又爬起，爬起了又倒下，最终遇到人们失望的面孔，告诫着我们：你们不行。但这又算什么！

无悔地努力着，就这么痴痴地努力着。直到现在，梦想成真。

一个伟人说过：梦想实现之前，永远都是梦想。但现在我们将它改变，已不再是一个梦想，而是我们用汗水和痴心开垦出的新的天地。

奇迹……未来……

语文的外延与生活的外延相等，生活处处皆语文。还语文于学生，让学生身处实实在在的生活之中，他们就会放飞心灵，如小鸟展翅翱翔，如鱼儿自由遨游，如小树经历风雨茁壮成长。放手给学生，让学生有施展的舞台，让他们去摸爬滚打。如果跌倒了，自己再爬起来，就是进步，就会有收获，因为他们曾经耕耘过。就像泰戈尔诗中所说的那样。“天空中没留下鸟儿的痕迹，但我已飞过。”

（三）信任学生是对学生最大的爱和尊重

教师要相信学生，树立以人为本的学生观。首先，学生是时代中的人；其次，学生是“文化遗产”中的人；再次，学生是世界背景中的人；

最后，学生是“生活世界”中的人，是“关系中的人”。他们有着丰富的内心世界，有自己多彩的生活。这就要求教师牢固树立“学生是学习和发展的主体”的教学思想，充分尊重学生，严格要求学生，把握好尊重和要求的度。要知道学生读出一点比教师讲出十点都重要，发现问题比解决问题更重要。只有这样，才能积极推动新课改的顺利进行，才能改变学生的厌学情绪，使他们真正做到自主学习，收获快乐。

例如，在执教综合性学习《桥》一课时，我放手让学生自由组合成学习小组，指导学生分门别类搜集资料，学习撰写调查报告。展示课上，学生用精美的课件向大家介绍了桥的发展史和桥的文化，包括桥的诗文、绘画，有关桥的成语，有形的桥和无形的桥。学生展示形式多样，内容丰富多彩，这体现了他们的创造能力和实践水平。这次综合性学习被推荐参加了教育部基础教育课程教材发展中心举办的全国新课改课堂教学观摩课。经修改整合，录像在 2007 年教育部新课程春季远程教育培训班上放映，受到专家和教师们的一致好评。

二、还语文课堂于学生

（一）把思考还给学生

要将语文课堂还给学生，学生就会提出很多意想不到的问题，这就需要教师自身努力学习，提高自己的知识底蕴，发挥自己的教学机智，学会归纳、概括、引导、点拨，激发学生的探究欲望，使学生勤于思考，闪现思想的火花，使课堂教学亮点频闪。

在教学《丑小鸭》一课时，一学生提到白天鹅，无意中说出“癞蛤蟆想吃天鹅肉”。我便因势利导，丑小鸭是不是“癞蛤蟆想吃天鹅肉”呢？你是怎样看待这一现象的？这真是一石激起千层浪，同学们思维活跃，争先恐后地回答。

学生 1："丑小鸭本是天鹅身，只不过生不逢时，生不逢地。"

教师："好一个'生不逢时''生不逢地'！点评到位，一语中的。"

学生 2："丑小鸭有一颗金刚石般的心，坚韧不拔，顽强地战胜了困难，终于蜕变成一只美丽的白天鹅，就像老师经常说的那样'痛并快乐着'！"

学生 3："不对，应该为'痛后快乐着'！"

教师："多经典啊！两位同学一结合，表达更精确了！金刚石般的心，说得多好啊，很有创造力。"

学生 4："从另一方面看，人要想成功，除后天努力外，也得有先天的素质，要找准自己的优势，定准自己的位置，不断朝目标迈进才能取得成功！试想，丑小鸭生在鸭群，它本来就是鸭，怎么努力也不会成为白天鹅，关键是自己本来就是天鹅！"

教师："这位同学很会辩证地思考问题，一分为二，全面客观，十分精辟。也解决了刚才说的'是不是癞蛤蟆想吃天鹅肉的问题'"。

这种顺水行舟的做法，顺应了绝大多数同学的学习需求，没有在枝节问题上纠结，是值得发扬的。在组织提问、讨论时，要避免学生提一个答一个，在细枝末节上纠缠不清的做法。教师要善于总结学生共同关心的问题，抓住主要矛盾。这就需要教师精心备课，加强同科教师之间的合作，提高驾驭课堂的能力，做到及时处理学生的信息，以不变应万变。

（二）把时间还给学生

著名教育家陶行知指出，要放飞儿童，给他时间，变结果强化为思维的探索。

合作学习是思维激活思维的有利形式。在课堂教学中，我坚持采用课堂六环节：预习交流、明确目标、分组合作、展示提升、穿插巩固、达标测评。教师少讲精讲，点拨迷津。

预习交流、明确目标——通过学生交流预习情况，明确本节课的学习目标。

分组合作——教师口述将任务平均分配到小组，一般每组完成一项即可。

展示提升——各小组根据组内讨论情况，对本小组的学习任务进行讲解、分析。

穿插巩固——各小组结合组别展示情况，对本组未能展现的学习任务进行巩固练习。

达标测试——教师以试卷、纸条、多媒体的形式检查学生对学习任务的掌握情况。

这样，还课堂于学生，还时间于学生，较好地解决了面向全体的问题。

尤其是展示课，课堂就是学生的舞台，真正焕发出了生命的活力，语文运用得纯熟自然，学生或朗诵，或板演，或唱歌，或争辩，或吟诗，或评点，相声、小品、话剧走进课堂，创造性将课堂填满，黑板、墙报成为各小组耕耘的沃土，创造的良田。当然，教无定法，各环节可视具体情况随机调整。

（三）把实践还给学生

张志公先生讲过："用了'语文'这个名称，表明在这门功课里面要向学生进行全面的语言训练。"他认为语文教学就是对学生进行口头语言和书面语言的训练。

1. 多读

如果把名著比作园林，为人师者应把学生领进园林。有兴趣进入园林，才能做心灵的远游。

怎样培养阅读的兴趣呢？知心姐姐卢勤在《告诉孩子，你真棒》一书中给我们支了一招：家长和老师只让孩子看和学习直接相关的书，很少鼓励孩子自主阅读、自由阅读，即使让孩子看书，最多看点优秀作文。不少孩子的阅读兴趣被父母和老师的教育功利思想慢慢泯灭了。这不但影响孩子的阅读能力，更会影响到孩子的全面学习，因为任何学习都是由阅读开始的。

家长和教师应该达成共识，孩子喜欢上了什么东西，就给他买有关的书。比如，他喜欢火车，就给他买关于火车的书；去科技馆迷上了火山爆发，就给他买关于“火山爆发”的书。这是国内外众多阅读研究专家的共识。

为了保持孩子的阅读兴趣，培养孩子更高的阅读能力，家长和教师要做到四点。

第一，要以身作则，自己也应有阅读习惯。

第二，要给孩子创造一个很好的阅读条件。例如，孩子有自己的书房、书桌、书架，家庭要有一个好的阅读环境，学校要有阅览室，班级建立图书角，等等。

第三，家庭为孩子买一些书，不用买很贵的书，鼓励孩子和其他同学朋友交换来看，也可让孩子自己选书。

第四，和孩子一起读书。这一点非常重要。

世界经济组织在他们关于青少年的阅读能力调查中指出：家财万贯，不如满室书香。因为文化的影响力胜于物质财富。家里图书的数量、种类愈多，父母愈常和孩子讨论书籍、电影、电视节目的内容，孩子的阅读能力愈强，也就为他将来参与社会竞争赢取了一张最有价值的通行证。

当然，仅靠语文课留给学生两节课进行阅览是远远不够的，必须利用课余时间进行广泛积淀，坚持每天阅读 20 分钟，就能达到“积跬步成千里，积小流成江海”之势。

2. 多写

教师可以每周布置一大两小三篇作文，让学生学会倾诉。虽然有的学生对作文疲于应付，但随着阅读量的增加和写作训练量的提升，教师不断对他给予表扬鼓励，他就会不断进步。这就是皮格马利翁期望效用的具体运用。

3. 多用

学为所用。将课上所学到的名家名篇的写作手法、构思技巧运用到作文中。实践出真知，口说千遍不如手做一遍。只有不断演练，才能提高能力。有模仿就有创造，有继承就有所发展。

4. 多改

教师可以将学生习作，经互评互改后打印汇编成册，一是展示成果，二是提升学生修改文章的水平。然后，将好的习作推荐到《作文报》《学习报·语文专版》《写作》等报纸杂志上发表，激发他们的创作欲望，学生自然会热爱写作，而不再出现畏难情绪。

这些要求要渗透在平时的教学中，听说读写不是割裂开来的，而是一个有机的系统的训练体系。

总之，语文教学只要树立了以人为本的观念，让学生主宰，教师做好引导、点拨、评价、升华，唤醒学生的生命意识，让阅读支撑起他们的生命，不断感悟和探究，就会改变长期以来语文教学少、慢、差、费的现状，达到“教是为了用不着教，讲是为了用不着讲”的境界，真正做到还语文以精彩。

（原载《课外阅读》2011 年第 4 期）

MYP 教学随笔

顺势而为，激起课堂教学改革的浪花

人的一生就像一条河流，遇到险滩、暗礁的阻挡，才会激起生命的浪花。如果风平浪静，可能就是死水一潭。MYP 教学改革亦然。课堂教学一帆风顺，那就如死水微澜，不会有新的浪花，遇到矛盾冲突，甚至彷徨茫然，实乃正常规律。境由心转，此时此刻，就需要调节心态，坦然应对，尤其应该学会顺势而为，而不能强行堵截。

例如，针对部分学生上课时随时发问的现象，很多教师谈起来感觉严重影响了授课进度，破坏课堂纪律，甚至对该生产生成见，不得已便大声制止，严加管理，甚至由此影响了授课心情。在 MYP 理念指引下，我是这样做的：首先，与学生换位思考，想到学生急于打断老师或许是因为激起了思维的火花，担心瞬间熄灭，急于表达内心的想法或意见，只是太自我，不太关注他人，没有养成好的倾听及质疑问难的习惯。这时候，教师可以先暂停，请同学发言，一吐为快，等他说完，老师要注意肯定认可和表扬，而后委婉地提出建议，让学生注意学会倾听，先把问题记一记，等老师按照授课思路讲完了，让大家自由讨论时，个别问题再做针对性的解答，如此才会更合时宜。这样教师伺机而动，将善于提问的好钢用到了刀刃上。告诉学生：如果不择时机地随便发言，就会影响课堂进度和其他同学的听课效率，浪费大家的时间。

在教授七年级第一主题单元“人生梦想与成长”时，我选了一组励志文章让同学们阅读，读完之后问同学们比较喜欢哪一篇文章，有一个同学说没有喜欢的文章。我问安徒生的童话《丑小鸭》时，他说安徒生的《丑小鸭》写得不好。我便抓住时机问："为什么？"他说："丑小鸭怎么会变成白天鹅？文章缺乏核心价值。"这时候我就抓住机会让其他同学发表意见，结果掀起了一场热烈的辩论。理越辩越明。经过 20 分钟的唇枪舌战，终于有了定论，原来安徒生的生活经历就是一只丑小鸭变成白天鹅的过程。辩论涉及了时代背景，安徒生的经历，丑小鸭自强不息的精神，在生活中遇到的困难时怎么面对等问题，为课堂注入了活力和生活气息，使语文课堂充满了趣味。最后我表扬了这位舌战群儒的"英雄"，为他在没读懂的情况下坚持己见，勇敢面对的"丑小鸭"精神而鼓掌。当然，需要总结的是，旧书不厌百回读，书读百遍其义自现，我建议该同学一定认真揣摩文章内容，与作者对话，思考作者为什么这样写，体会作者要表达的情感内涵和写作意图，才能发现作品的内在美。我还建议该同学学会倾听，善于倾听，听懂别人要表达的意思，在信息化时代才能更好地提取信息，更好地为自己和他人服务。

总之，学会倾听是一种智慧，更是一种礼让的品质；学会阅读是一种习惯，更是一种修养。希望大家让优秀成为一种习惯，注意倾听，善于倾听，既尊重了别人，实际上也尊重了自己；学会阅读，坚持阅读，让阅读走进自己的人生，让阅读浸润自己的心灵，做一个终身学习的人，做高品位的会交流的双文化的国际精英人才。这样，学生的思维就会在教师的疏导之下顺势流淌，并且心中会激起美丽的浪花。实际上，教师能率先垂范让学生先发言的做法也体现出了为人师者以退为进的教育智慧和境界。

第三部分　课例与实践

南朝宋史学家、文学家范晔在《后汉书》中说过：“以身教者从，以言教者讼。”意思是身体力行，别人就会听从；只说不做，别人就不会听。作为教育工作者，学高为师，身正为范，我们是学生的榜样。

各行各业需要榜样的力量，每分每秒需要坚持梦想。用案例做引领，用反思做导航，定能不忘初心，不断创新，砥砺前行，实现梦想。

榜样

作词：薛运锋

榜样是温暖的阳光
照亮你我的心房
榜样是美丽的花朵
散发着迷人的芳香
榜样是人性的光芒
处处给人正能量
榜样是无形的力量
鼓励你我奔向前方

困了累了抬头一望
你是我的榜样
指引我继续坚持梦想
烦了躁了仔细想想
你是我的榜样
提醒我也要发一份光
为了实现人民幸福的梦想
学习勤奋实干的大国工匠
不怕失败不怕挫折迎难而上

为了实现伟大复兴的中国梦

奋力拼搏坚守岗位学习榜样

不怕风雨不惧雷电天地任我闯

两次执教综合性学习《桥》的设计及反思

《桥》是语文出版社七年级下册第五单元综合性学习的内容。在学习课文《桥梁远景图》的基础上，由课内延伸到课外，联系生活实际，引发学生探究的兴趣，开阔学生的视野。这样可以使学生认识到一个事物可以从多种角度去把握，一个问题有不同的切入点。掌握一定的材料，运用适当的方法，就能对自己感兴趣的问题进行探讨，从而有一定的收获。

一、活动目标

（1）引导学生围绕主题动口、动脑，通过实地参观、访问、查阅图书资料和互联网获取信息，并筛选信息，使学生了解桥的发展，认识古今中外的名桥，拓宽学生的视野，受到美的熏陶。

（2）让学生获得研究探索的积极体验，通过小组成员的分工合作，培养学生在学习和生活中善于质疑、主动探究、团结合作和热爱科学的精神。

（3）联系生活实际，由有形的桥到无形的桥，拓宽学生的思维，培养学生的想象力。

（4）指导学生写书面材料，培养学生口语交际和书面表达的能力。

二、活动过程

（一）活动准备

（1）将班级分为两个小组，学生自由、自愿报名，每组推选一名组长。

（2）将课题分成两个子课题，供小组选择研究。

（3）将各小组分为采访、资料、上网三个分队，分工协作，交流信息，分类整理，完成书面报告材料。

（4）大致时间安排：课余时间 3 周，课堂教学 2 课时（活动指导课 1 课时，活动成果汇报课 1 课时）。

（5）给学生推荐相关资料的网址。

（二）活动指导

1. 导入。

由“桥不过是一条放大的‘板凳’——著名桥梁专家茅以升这样通俗而风趣地诠释桥”导入。

2. 让学生介绍一些查找资料的方法，而后教师总结。

（1）利用图书查找资料和积累资料的方法。

①查目录找有关的文章和内容，并做好摘录。

②摘录资料的方法：复印、抄录、摘抄、概括总结。

（2）上网查询和下载资料的方法。

①直接键入网址查找。

②不知道网址，通过键入关键词进行搜索。

③对资料进行下载存盘，打印输出或笔记所需资料。

3.将课题“桥”分解成两个子课题。

（1）桥之韵。

①研究桥梁发展史，搜集桥梁图片、数据、名称，谈论对最欣赏的桥的印象，从而了解桥凝聚着劳动人民的智慧和力量，培养学生爱科学、学科学的意识。

②搜集与桥有关的民间传说、历史故事、诗文、对联、照片、绘画、音乐等，展示桥的神韵，激发学生的兴趣。对一些与桥有关的经典诗文进行重点品读赏析，以此提高学生朗读、背诵、欣赏古代诗歌的能力和水平，并使其广泛积累。

（2）心中的桥。

①换一个角度，联系实际生活，展开想象的翅膀，构建无形的桥，培养学生的创新思维。

②假如你是桥梁设计师，你会建造什么样的桥？请画出你设计的桥，并解说其功能，培养学生的想象力和语言表达能力。

（三）活动成果展示

指导课上完后，我便执教了教育部课程发展中心组织的这次综合性学习成果汇报课。现将专家、老师们点评前后的教学设计思路及过程展示如下。

综合性学习《桥》第一次成果汇报课（公开课）

一、板块展示

将学生所获取的信息分两大板块进行展示：一是桥之韵，二是心中的桥。

（一）桥之韵

上课伊始，首先我做了简要的自我介绍，然后导入课题，并希望在师生之间架起一座友谊之桥，之后让学生解释桥的含义，再让学生分组展示探究成果，其他小组评议补充，展示桥之韵。

1. 学生介绍历史上的名桥

学生展示自己搜集的图片。有的同学用光盘、U盘展示。学生评价，之后教师将自己设计好的一些名桥用课件展示出来，让学生做介绍。

2. 学生谈桥的分类及桥的文化

学生说随着时代的发展，桥的种类增多，有梁桥、浮桥、吊桥、石拱桥、立交桥等。然后教师找不同的学生从不同的角度介绍桥的神韵，引导学生赏析有关桥的诗文，如“晴虹桥影出，秋雁橹声来”，让学生品味桥的作用及价值，了解桥不仅是起沟通作用的建筑物，还是一道美丽的风景，从而体会其美感。

3. 学生介绍泰安当地的桥如泰山大桥、八仙桥等，其他同学评议。老师小结桥的作用及价植。

（二）心中的桥

（1）引导学生用“_____是桥，它让我们_____”的句式说话，让学生展开联想，体会起着桥梁作用的人、事、物。

学生争相回答。有的学生说："微笑是桥，它让我们心灵相通。"有的说："书是桥，它让我们从无知到有知。"有的说："电话是桥，它让我们千里有缘一线牵。"还有的说："语言是桥，它让我们缩短心灵之间的距离。"

……

同学们的联想太丰富了，他们的表现令人耳目一新。于是我禁不住发出了倡议，有的人甘为人梯，让他人勇攀高峰。我们为什么不做人桥呢？路的事业是伟大的，梯的事业是高尚的，让我们做桥的事业吧，因为它总是默默地为人们到达理想的彼岸提供捷径。

（2）假如你是桥梁设计师，你想建造什么样的桥？让学生思维飞扬，畅所欲言。（若时间紧，可删去）

二、教师总结引导

我抓住时机，及时肯定同学们积极参与、主动探索、团结协作、各抒己见、相互评价的良好的学习习惯，并用陶行知先生在北京育才学校当校长时教育学生的事例：四块糖果的故事引导学生理解真诚和宽容是人与人沟通的桥梁。人与人相处要多一些宽容，多一些理解，让我们且行且思，领略一路桥的风景，让我们心灵交会，思想融合，去构筑更加瑰丽的有形无形的桥梁。

三、作业

可用语言描述，可用七彩画笔构筑一座瑰丽的桥。

四、教学反思

感谢教育部基础教育课程教材发展中心组织的这次"语文新课程教学观摩暨问题对策研讨会"，为我们提供了一次锻炼、交流、提高的机会。我执教综合性学习《桥》，也是摸着石头过河，肯定会暴露出很多问题，现反思如下：

（1）通过这次综合实践活动课的教学，我认识到综合实践活动课是让学生自主、合作、探究、学习的极佳阵地。让学生自由组成学习小组，明确分工，调动了学生主动参与的积极性，增强了他们的集体合作意识和集体荣誉感，收到了很好的效果。

（2）让学生走上讲台，主动展示搜集资料，使学生充分利用网络资源，将信息技术由“辅助教”转变为“辅助学”，学生很有兴趣。他们将下载的有关桥的图片、资料、传说故事、诗文、绘画等做成PPT进行演示，并做了解说，锻炼了学生的动手能力，训练了学生搜集信息和处理信息的能力，展现了合作学习的成果。

（3）语文版教材具有弹性空间，体现了“开放而有活力”的这一课程要求，让师生有广阔的选择余地，能更好地联系实际生活。同学们自主选择研究内容，激发了他们的兴趣。这种方式为学生撑起一片自由的天空。学生不仅通过上网查资料了解了古今中外的名桥，还调查研究了泰安当地的桥，增强了对桥的感性认识以及学习语文的兴趣。真正让学生在生活中学习，在学习中生活。

不足之处包括以下几点：

（1）不能很好地完成专题报告。因与学生不在同一所学校，两校相距四五十里路，活动指导课又赶上期末考试，活动前的动员力度不够。指导课不够周密细致，对学生的要求不够具体明确，导致小组成员合作协调不够，有的同学只是简单地罗列网上找来的材料，缺乏提炼概括，没有将其变成自己的东西，没有很好地完成专题报告。

（2）教师是学生潜能的开发者，在合理引导、积极评价、激发学生兴趣方面做得还不够灵活机智。教师的评价应该更多样化。

（3）课堂结构不够合理。在学生分组介绍桥的历史后，教师播放课件并让学生再介绍显得重复，耗时太多；桥文化挖掘得不深、不透，导致前紧后松，前细后粗，课堂结构失衡。

（4）课堂教学不能很好地体现综合训练。课堂教学是遗憾的艺术，没有最好，只有更好。“好文章是改出来的”，这句话同样适合于课堂讲授，好课也是在总结经验的基础上上出来的。现将专家指导调整后的设计展示如下，与广大教育同人分享，以期在综合性学习方面多一点交流的机会，共同探索，不断提高，与新课程一起成长！

综合性学习《桥》第二次成果汇报课

（泰山国际学校学生）

一、导入

由学校内的几座桥直接导入课题。

二、成果展示

（一）桥之韵

（1）你是从哪个角度对桥进行研究的？现在归一下类。

学生谈到桥的种类，桥的历史，桥的建筑艺术，与桥有关的绘画、诗文、摄影等，还有自己设计的桥、无形的桥、彩虹桥、传说中的鹊桥等。

老师归结为两个方面：一为桥之韵，二为心中的桥。

（2）分组交流研究成果。各小组按分类互相交流探究成果，推选代表介绍，其他同学注意听、记、评价。

①学生介绍从古至今桥的分类。学生介绍形形色色的桥。学生评价思路清晰，分类准确，介绍得很有条理。

②学生介绍从“桥梁空间网”上了解到一些名桥。学生评价时图文并茂，有声有色。运用课件展示图片，形象生动，语言清晰简洁，明白晓畅。

（3）引导学生谈谈自己最欣赏的桥。

学生 1：“我感受最深的是赵州桥，距今虽有 1 400 年历史，仍雄跨于大河之上，充分展示了人类的聪明才智和精湛技艺。”

学生 2：“我最欣赏北京的四元桥，我真佩服工程师、建筑师们的高超技艺，佩服科学技术的魅力。”

学生 3：“我印象最深的是过去的钱塘江大桥，它存在了不到 3 个月，但它为人类的和平做出了牺牲。”

学生 4：“我最欣赏的是汕头海湾大桥。它充分展示了我国科学技术的高超，跨海建桥，征服自然，造福人类。”

老师引导学生体会这形形色色的桥，并解释它们分别给人以什么样的感受。

学生谈到透过这形形色色的桥，他们看到了不同时代的经济发展水平和科学技术水平。

（4）老师引导：“我们泰安近年来经济发展迅速，也建设了很多桥。请同学们用自己的语言介绍家乡的桥。其他同学注意补充、评价。”

学生介绍泰山上的仙人桥，并展示了仙人桥的图片；学生介绍泰山大桥；学生介绍泰安八仙桥及其传说；等等。

老师引导同学们评价他们的介绍，看有没有补充，有没有问题，有没有不同的看法。

学生各抒己见，仁者见仁，智者见智。

一位学生评价介绍得很令人神往，他是济南的，愿意抽空去看看八仙侨。

老师建议让刚才介绍的这位同学当导游，带领大家一块儿去领略一下泰山的情怀，大桥的神韵，读一读祖国大好河山这部大书。并让他们把这次参观当作一次实践活动，看山赏桥，而后下笔成文，写出活动的感受，字数不在多少，重在有真切的体验。

（5）老师由“桥是有生命的，它历来是文人画士的爱物”引入有关桥的诗文、绘画或者传说，进一步解读桥的神韵。

学生赏析唐人描写赵州桥的“初月出云，长虹饮涧”，这一句写出了赵州桥的形状之美，给人以身临其境之感。

老师让学生在黑板上画一下这句话所描写的形状。

学生画“初月”状。

老师评价这位同学感悟深刻。

老师引导其他喜欢赵州桥的同学通过材料展示赵州桥。同学们将有关赵州桥的图片、文字资料展示出来，并用关键词句展示赵州桥的魅力，如“就像虹”“初月出云，长虹饮涧”“隋开皇十五年至大业元年（公元595—605年）建，距今已有超过1400年的历史，仍雄跨于大河之上”“现存最古老的”“利于车马通行，又减少桥身自重和洪水的冲击”“桥两侧的望柱板上雕有龙兽，形态生动，线条流畅，雕工精细”等，充分展示了赵州桥顽强的生命力和不朽的艺术价值，体现了古代劳动人民的智慧和力量。

学生谈欧阳修的“波光柳色碧溟蒙，曲渚斜桥画舸通”，写出了小桥与山水船只相互映衬之美，简直是一幅美丽的画卷。

学生谈张继《枫桥夜泊》，枫桥留下了张继千年不绝的钟声，苏州枫桥由此闻名于世，另根据《枫桥夜泊》创作的歌曲《涛声依旧》，唱遍大江南北，家喻户晓。学生在老师的激励下试唱《涛声依旧》（学生鼓掌欢迎）。

学生谈马致远的“小桥流水人家”就是一幅画，构图美，意境也美。

学生谈“水从碧玉环中过，人在苍龙背上行”，把桥比作苍龙，形象生动，气势恢宏，把桥洞及倒影比喻成碧玉环，生动贴切，美不胜收。

老师表扬这位同学快成语言大师了。

学生谈“晴虹桥影出，秋雁橹声来”，写出了晴虹与桥影一同倒映在水中，秋雁橹声一起进入耳中的美景，山光水色与桥共同构成一幅水墨丹青画。

老师评价这位同学体会深刻，由诗到画，做到了诗画同源。以上研究的桥的历史及文化归结为桥之韵。

（二）心中的桥

老师引导："有一种桥，既不架在水上，又不架在陆地上，可实实在在起着桥梁的作用，猜猜它是什么？"

学生答："心灵之间的桥梁。"

学生补充回答："还有起着沟通作用的人、事、物。"

老师引导同学们联系生活实际，看哪些人、事、物起着这样的作用，以"________是桥，它让我们__________"的句式说一句话，注意必须体现桥的纽带作用。

老师表扬同学们的联想力很丰富，语言积累丰厚，具有创新意识，表达令人耳目一新，并引导同学们做桥的事业。那么，如何做"人桥"呢？

一个学生说，像雷锋同志一样全心全意为人民服务；像焦裕禄一样为百姓谋利益。

老师肯定这位同学理解了"人桥"的内涵，并倡议大家向前人学习，甘做"人桥"。

另一个学生说，传说中喜鹊为牛郎织女七夕搭鹊桥相会，不知感动了多少人。人和人之间需要桥的联结，否则，人们将无法沟通。

老师评价这位同学联想到鹊桥相会，牵线搭桥，思维活跃。实际上，学生就是一座桥，架设起听课老师与这堂课之间的桥梁。不信，同学们看老师们的微笑，那便是对同学们感悟"人桥"的认可。

三、教师引导学生总结本节课的收获

四、作业

有了以上活动中得来的知识，同学们可能正跃跃欲试，想亲手设计自己心中理想的桥吧！如果你是桥梁设计师，你想建造什么样的桥？把它画出来，或用语言描述出来均可。

五、教学反思

本节课是在自己学校执教的，指导学生较充分，教师教学时较放得开，总结了公开课时的经验教训，总体感觉学生思维较为活跃，课堂结构较为合理，效果较理想。现反思如下：

（1）从本校实际出发导入，激发了学生探究的兴趣。省去了公开课时导语中寒暄的成分，删去了老师精心准备好的课件内容，延长了学生展示的时间。学生用U盘、共享等形式展示，既可强化动手操作能力，又能激发学习积极性，同时还能锻炼胆量和参与意识，可谓一举多得。

（2）突出教学重点。对“桥之韵”中的历史名桥、桥梁发展史、桥的分类、桥的文化等方面，不能平均用力，需要抓住重点做深入探究和引导。俗话说：“伤其十指不如断其一指。”公开课时在导入和桥的发展史方面用力过多，导致赏析桥的文化的时间较短，有仓促收兵、前紧后松之感。故在专家和老师们指导后，将课堂教学重点定位在赏析有关桥的诗文、绘画、历史传说等方面，让学生受到了美的熏陶，自然陶冶了情操，体会到这逝而犹在、常而恒迁的桥不是冷冰冰的建筑物，而是有生命的；感受到桥梁既是庄严的史书，又是智慧的宫殿，还是精美的艺术品，更是经济发展的纽带。

（3）指导学生写专题报告，体现综合训练。上公开课时，注重了学生的口语表达，但学生的书面报告材料大多是从网上简单罗列或下载下来的。没有自己的概括和总结，没有将其变成自己的东西。有些材料学生读的时候不加取舍，不加选择，有些信息根本没有价值。调整后教师将阅读、写作、口语交际训练融合在课堂教学中，注重学生的情感体验，充分体现了综合性学习的特点。

在学生介绍当地的桥以后，抓住济南的同学愿意抽空去看看八仙侨的契机，建议让刚才介绍的这位同学当导游，带大家一块儿去领略一下泰山的情怀、大桥的神韵，读一读祖国大好河山这部大书，并让他们把这次参观当作一次实践活动，看山赏桥，而后下笔成文，写出活动的感受。这样，让学生在兴趣中激发写作动力，有了览物之情，有了切身体验，作文就走出了无源之水，无本之木的困境。

然后，在赏析诗文时，引导学生品味关键词句，让他们品味诗文中精确优美的语言，感受历史文化的积淀，对其进行审美教育。

引导学生欣赏桥的图片的同时，欣赏有关桥的文本材料，尽量关注阅读、写作、口语交际的综合训练。

（4）综合性学习是一种学习方式，重在让学生参与和体验。要以鼓励性评价为主，锻炼学生自主学习、认真探究的科学精神，让学生真正感受到语文课不再枯燥。让学生在一次又一次的探索中不断增强对语文学习的兴趣，增强语文学习能力，从而把这种能力合理有效地运用到日常的语文学习之中，真正体现大语文教学观。

生活处处皆语文，通过综合性学习，改变教师教得主动，学生学得被动；老师讲得多，学生活动少；重知识传授轻能力培养；学生的应试能力强，语言表达能力差的不合理现状。语文综合实践活动课为培养学生的语文素养和提高学生的语文能力提供了一个很好的途径，为学生建立起一个新的领域里的话语系统，很好地训练了语言表达能力，是一种有效的学习方式。

《调查社会用字情况》综合性学习案例汇报

一、选题背景

随着社会的发展，各种媒体应运而生。影视、网络、出版物接踵而来，它们是时代的产物，代表着社会的进步。但随之而来也出现了许多不规范汉字，给识字尚少的小学生造成了错觉，为他们以后的识字设置了障碍。

商家为追求商业利益，在商品包装、广告招牌、广告词上大做文章，出奇猎奇，变着花样地吸引顾客，导致很多不规范汉字的出现。

在新课程改革中，确实培养了一大批有特长、有创新能力的人才，但是，不免顾此失彼，老师们相对地淡化了识字、写字教学。考试科目、项目增多，学生任务重、头绪多，书写质量不高，不规范汉字越来越多，学生的作文、日记等作业明显地反映出这一点。

二、活动目标

（1）通过调查活动，使学生认识不规范用字的危害，加强规范用字的思想意识，正确使用规范汉字。

（2）培养学生团结协作能力和收集、处理、运用信息的能力。

（3）培养学生的社会责任感和使命感，为规范社会用字做出贡献。

三、活动准备

（一）划分学习小组

将本班同学自由组合成学习小组，每组4～5人，要求每个成员都有明确的分工。推选一名负责召集、维持秩序、把握时间、设计行程的导演；推选一名负责记录、整理材料的编剧；推选一名负责采访的记者；推选一名负责摄影或摄像的摄像师；推选一名负责展示小组调查结果、报告调查情况的主持人。让小组成员人人有任务，明确分工，精心组织，让学生带着浓厚的兴趣参加活动，并通过活动使学生明白成绩的取得离不开每个小组成员的共同努力和通力协作。

（二）组织学生讨论并确定调查的内容

活动指导课上，我设计了如下导语："同学们，在大家的作文、日记中经常出现一些不规范汉字。你们知道因用不规范汉字而造成损失或闹出笑话的故事吗？"

一个学生说："冯玉祥在打仗时写错了一个字，结果惨败，牺牲了很多人。一个错字造成了多么惨重的损失啊！"

我接着问："哪位同学知道他写错了什么字？"

学生说："想不起来了。老师，你讲讲吧。"

我顺势讲了起来："1930年5月，蒋介石、冯玉祥、阎锡山三个派系的军阀混战中原。冯玉祥、阎锡山预计在靠近山西省的河南的沁阳（板书：沁阳）会师，想一举歼灭在河南的蒋介石部队，但是冯玉祥的参谋长在拟发作战命令时，将"沁阳"误写成"泌阳"（板书：泌阳）。而泌阳在沁阳南面500余里的地方。结果一笔之误，冯玉祥的大队人马向南开进，陷入孤军作战的绝境，被蒋介石的部队包围起来，伤亡十余万人，从而导致冯、阎联合作战的失败，冯玉祥的部队遭到了不可挽回的损失。”

同学们一片唏嘘声：“就一个错字，牺牲了十余万人，太可惜了。”

我接着问：“谁还有这样的故事？讲出来与大家一块儿分享。”

一个学生站起来说：“乌鲁木齐的一家挂面厂，在日本印制了可包装 10 吨挂面的精美包装袋，由于图纸设计者的粗心，把‘乌’写成了‘鸟’，‘乌鲁木齐’印成了‘鸟鲁木齐’，致使所有的包装袋统统成为废品，约 16 万元巨款付诸东流。”

“写错字的危害太大了。”几个学生几乎是同时说。

我说：“随着社会的发展，各种媒体应运而生，它们是时代的产物，代表着社会的进步。但随之而来也出现了许多不规范汉字。作为学生，肩负着宣传、推广规范汉字的使命。从今天开始，大家作为规范汉字的使者，调查一下汉字的使用情况。大家觉得应该调查什么？”

学生讨论后确定调查的对象：街道、车站、广场等公共场所的招牌、路标、标语、板报、宣传橱窗；电视广告、媒体语言及出版物等。

然后，将课题分为三个子课题，由同学们自己设计课题名称。

一个学生说：“老师，不只社会上存在用字不规范现象，学校里规范汉字的使用也存在问题，我们组能不能调查学校用字情况？”

我一听，为这位同学的责任心和敏锐的洞察力感到高兴。心想，学生既然是使用规范汉字的使者，从身边做起是再好不过的了。忙答应说：“当然可以，不过，你们准备调查什么呢？”

“我们小组就从校园宣传栏、板报和作文、课本及教辅材料入手调查，还需要几位语文老师配合一下。”

“需要语文老师配合，这没问题。那你们小组定个什么题目呢？注意所定题目一要合乎语法规范，二要简练概括，三要有新意。”

经过小组成员的讨论，题目由“扫除校园不规范用字”变为“走进校园”。我说：“这个命题简练了许多，能不能再出点新意？”该组同学又讨论了一番，最后确定了他们的研究课题名称为“刷新校园”。

该组同学的命题给了我很大的启发。然后，经过师生共同研究，确定了另外两个子课题为“扫描社会用字”和“点击广告词”。“扫描社会用字”组发现问题可以向有关部门反映；“点击广告词”组可以调查在广告词方面存在的问题，当然也可以谈用得好的范例。

各组选定课题，其余同学组成评价组。要求评价组对各组同学的发言进行评议。这就需要更广泛地查找资料，做好更充分的准备。

接下来，我又问同学们：“调查时应注意什么？”

学生七嘴八舌地说：“要文明礼貌，注意交通安全，做好调查记录，带好字典和词典，以便及时查考，发现问题及时考虑解决的办法，向有关部门提出有关建议和意见。”

那么，应该怎样调查呢？

讨论后明确，设计表格，对调查情况进行分类、统计、分析，得出调查结论；也可以一个电视台某栏目组的形式参与调查，自由编导，向全班展示调查成果。

最后，集体讨论：“如果发现用字情况存在比较严重的问题，我们怎么办？”

师生讨论后明确：可以向当地教育行政部门或语言文字管理部门提出改善社会用字的书面建议，或拟定宣传标语进行宣传张贴，为规范社会用字做出自己的贡献。

（三）时间安排

利用课余时间四周，通过上网搜索查询或查阅图书馆，学习《简化字总表》《规范汉字总表》《国家通用语言文字法》等材料，了解对社会用字的有关规定及对“书法”用字的特殊规定，以帮助调查。

具体时间安排如下。

第一周：学习有关材料。

第二周：积极展开调查，积累素材，填写社会用字调查统计表。

第三周：对材料进行整理、分析、研究，初步完成调查报告。

第四周：成果汇报。

四、成果汇报

各小组按成员分工整理好材料，依次展示调查成果。

（一）刷新校园组

该组同学明确分工，对自己的作业、作文以及教辅材料、宣传栏等展开调查。他们查阅了很多材料，积累了很多错别字，搜集了一些用错字的笑话。除此以外，该组主持人还以“热点调查”的形式报道了校园用字不规范的情况，并列出了表格，用大屏幕展示出来。

（二）扫描社会用字组

该组同学对社会用字进行了调查，他们认为社会用字不规范的严重程度远远超过了“刷新校园”组的情况。他们调查了车站、广场、商场、广告牌等的用字，课堂展示时，他们放映了用数码相机拍摄的活动镜头，效果很好。

报告时，他们将错字、别字、简化字、繁体字、异体字全部展示出来，并取名“社会用字万花筒”，配以典型的例子，给人留下了深刻的印象。

据该组同学统计，滥用繁体字的现象较多，已严重地干扰了社会用字的规范。通过调查，他们明确了什么时候能用繁体字，什么时候不能用繁体字。他们提出了几点建议：①加大宣传力度，如做公益广告、张贴宣传标语（学生自拟的宣传标语有“依法使用规范汉字，捍卫母语健康发展”“拨开错别字的乌云，让规范字的阳光普照祖国大地”“心动不如行动，齐心协力消灭不规范字”等）；②根据《中华人民共和国国家通用语言文字法》的规定，依法治理公共场所用字；③举办活动，制作电视短片，向全体公民宣传规范用字的重要性。

（三）点击广告词组

该组主持人上场，先选读了南方网一则关于“默默无蚊”等广告词的报道，而后让同学们就此辩论。学生们对谐音广告词各抒己见，正方反方辩论时均有理有据。有的列举滥用成语的笑话，有的谈广告策划人的精心创意。最后，评价组做了总结性评价：对广告语中的谐音“成语”应一分为二地看待，有的广告词，如“心服口服”（口服液广告）、“臭名远扬，香飘万里”（臭豆腐广告）等，确实通过谐音双关加深了人们的印象，收到了很好的宣传效果；但有的广告词，如“鲜为人知”（冰箱广告）、“默默无蚊”（灭害灵广告）、“闲妻良母”（洗衣机广告）等，误导作用很强。广告是一种文化现象，作为一种商业文化，不能只追求商业利益，应采取正确和审慎的态度，在追求经济效益的同时，注意社会效益。要想广告语有较强的影响力，必须规范广告用语用字。必须做到：第一，不能破坏成语本身固有构成及含义的完整性；第二，不能产生误导和不良的教育作用；第三，要有利于商业文化的建设。

最后，老师补充说："刚才同学们的发言都很精彩，说明大家在活动中真正用心了，也确实收到了丰硕的成果，尤其是评价组能辩证地看问题，很有说服力。语言文字是信息的载体，是民族的象征。秦始皇统一文字，为国家的统一和各地人民的交流和沟通奠定了坚实的基础。中华民族要复兴，语言文字必须要统一，我们必须严格执行《中华人民共和国通用语言文字法》，使用规范汉字，为捍卫母语的纯洁和健康发展以及为中华民族立于世界民族之林做出自己的贡献。"

五、教学反思

通过近一个月的调查活动，学生收获颇多，我也体会颇深，总结为四个"提高"。

（一）提高了学生学习语文的积极性

一个学生在活动总结中写道："感觉到语文并不仅仅是在课堂上，原来在社会上时时处处都有语文。这次调查活动，激发了我学习语文的兴趣，让我感到语文不再枯燥乏味。"

（二）提高了规范用字水平

经过调查研究，学生加强了规范用字的思想意识，掌握了很多易错字的写法，认识到了使用不规范字的危害和不便。我决心从自身做起，正确使用规范汉字，并积极行动起来，争做规范汉字的使者，做好宣传教育工作，为规范社会用字尽自己的一份力量。

（三）提高了合作探究能力

在调查活动中，学生认识到了团结协作的重要性，提高了收集、处理、运用信息的能力。他们一起制订方案，一起设计创意，一起研究结果，最后达成共识。几个子课题名称的拟定，各组推出的话题名称，如“社会用字万花筒”“走出广告迷宫”等就很有新意。这个过程本身就是教育资源的一种有效开发。

（四）提高了创新意识和实践能力

给学生一片自由的天空，他们将会创造出让教师意想不到的精彩。在调查活动中，教师积极参与，诚心诚意地与学生一起交流学习，结果学生们都表现出良好的素质和巨大的潜力，学习能力、研究能力远远超出了我们的估计，他们创造性地利用获取的信息进行编辑工作，取得了让我们震惊的效果。

不足之处：学生不能很好地完成专题报告。对专题报告的写法指导不够具体明确，导致有的同学只是简单地罗列网上找来的材料，缺乏提炼概括，没有将其转换为自己的东西，没有很好地完成专题报告。教师应当给学生一个基本的模式，让他们按要求写专题报告。

综合性学习是一种学习方式，没有固定的模式。感谢大会为我提供这么一个与专家和语文界骨干教师们共同探讨交流的机会。希望大家多提意见和建议，共同建设综合性学习。

（原载《语文建设》2005 年 7 月）

《山中避雨》教学设计

教学设想

本文是一篇如诗如画的优美散文，处处饱含着浓浓的诗意，通过适当点拨，合作学习，体会文中处处闪烁着的艺术美。

教学目标

（1）引导学生体会“乐以教和”的主旨。
（2）品味平易而生动的语言。
（3）感受文中浓浓的诗意。
（4）培养学生高尚的情操。

教学重点

引导学生体会“乐以教和”的主旨。

教学难点

感受文中浓浓的诗意。

教学方式

采取“自主合作探究”的方式，让学生在感兴趣的自主合作中逐步提高语文素养。

教学过程

一、创设情境，音乐导入

播放《渔光曲》。

启发引导：一曲优美和谐的《渔光曲》把我们带入了一个静谧而深远的世界。今天，我们就走近现代著名画家、文学家、美术和音乐教育家丰子恺老先生，通过他的散文，去聆听他对音乐新的诠释，去倾听他对音乐新的感悟。

二、释词

正音

寂寥（liáo） 冗（rǒng）长 工尺（chě）

乐（yuè）以教和 陶冶（yě）

释词

（1）趋之如归：很快地走过去，就像回自己的家一样。

（2）怨天尤人：埋怨天，责怪人。形容遇到不如意的事一概抱怨客观条件。

（3）望洋兴叹：比喻做事力量不够，感到无可奈何。

（4）乐以教和：音乐是用来教育感化人并使人和谐相处的。

（5）萍水相逢：比喻素不相识的人偶然相遇。

三、整体感知，把握主旨

（1）学生朗读全文，体会文章主旨。

讨论归纳：本文主旨是“乐以教和”。

（2）深入推进：“乐以教和”有什么作用？

讨论归纳：“乐以教和”有利于教育感化人，使人和谐相处。

（3）继续深入：作者为什么会有这种体验呢？

讨论归纳：作者在山中避雨时，曾在山中小茶店里拉胡琴，“引得三家村里的人都来看”并和着音乐齐唱起来。大家素不相识，是琴声、歌声把大家结合在了一起，是音乐使大家和谐相处，这正是“乐以教和”啊！

（4）联系实际：同学们，你是否也有过类似的体验呢？

讨论归纳：“心连心”艺术团下乡演出，观众与演员其乐融融；歌迷与歌星融洽相处。

四、精彩片段品析

播放《梅花三弄》。

教师范读课文第四自然段。提醒学生注意下列问题。

用横线画出优美的语句或你认为用得很恰当的词，并说明它的好处。

范读后，先让学生在小组内交流，运用合作的方式，共同探讨疑难问题。小组内不能解决的问题，由组长提出来，在班内一起讨论。

（1）“我”借了胡琴回小茶店，两个女孩为什么“很欢喜”？

（2）两个女孩为什么说：“你会拉的？你会拉的？”若改为“你会拉吗？ 你会拉吗？”表达效果有何不同？

明确：“你会拉的？你会拉的？”能充分表现出两个女孩想听“我”拉琴的急切心情，若改了，表达效果就减弱了。

（3）作者在写自己拉琴时，为什么要插入自己以前学拉琴的经过呢？

明确：为后面“引得三家村里的人都来看”做了铺垫，也说明了“我”拉琴拉得特别好的原因。

（4）“三家村里的青年们也齐唱起来，一时把这苦雨荒山闹得十分温暖”中的“闹”能否换为“变”？“温暖”有何妙处？

明确：“闹”点明了音乐的魅力，写出了当时无拘无束的热烈气氛。

“温暖”既写环境的温暖，又写作者内心的温暖，表达了他的欣喜之情。

（5）怎么理解“有生以来，没有尝过今日般的音乐的趣味”？

明确：作者在山中避雨时，感受到这次拉琴与歌唱十分自然而真挚，是音乐拉近了人与人之间的距离，使大家相处得如此和谐，所以他认为“有生以来，没有尝过今日般的音乐的趣味”。

品析完精彩片段后，让学生有重点地朗读课文，找出自己认为写得最精彩的片段，运用以上品析片段的方法，进行自我评析。

五、体会“运用比较，突出主题”的方法

（1）“运用比较，突出主题”是本文的一大特点，教学中要注意引导学生体会。

启发：本文多处运用了“比较”，你能从文中找出几例加以说明吗？

探究明确：

①将作者平时与这次对音乐的不同感受做比较。

②将两个女孩前后不同的心境做比较。

③将胡琴与钢琴、小提琴的不同特点做比较。

④将“三家村”的前后气氛进行比较。

（2）同桌互相讨论：“比较”在本文中有何作用？

明确：“比较”是为“乐以教和”这一中心服务的，“比较”更能突出“今日的音乐趣味”，强调音乐是用来教育感化人、使人和谐相处的。

六、感受文中闪烁的多种美

让学生细读课文，发现、感受文中的美。

先让学生自由发言，教师再进行点拨。

（1）音乐美：那伴着雨声的《梅花三弄》，那雨窗下悠悠的琴声，那伴着琴声的《渔光曲》，构成了独有的音乐美。

（2）绘画美：那雨中静静的小茶店，那拉琴的作者，唱歌的女孩……有屋，有景，有人，不正构成了一幅色彩艳丽的“水彩画”吗？

鼓励学生描绘一下这幅图画。

（3）和谐美：小茶店内听歌、唱歌的人，除作者和两个女孩外，都是山村中一些青年，大家素不相识，是琴声、歌声把大家结合在了一起，体现出和谐之美。

（4）真挚美：大家的歌唱都是发自内心的，感情十分真挚，有一种真挚之美。

（5）氛围美：大家一起歌唱，无拘无束，自由自在，气氛热烈，把苦雨荒山闹得十分温暖，有一种氛围之美。

（6）自然美：这次是在山中小茶店的雨窗下拉琴，环境与往日截然不同，有一种自然之美。

丰子恺不愧为文学家、画家、美术和音乐教育家，他的作品处处闪烁着多种美的色彩。同学们也要学会用自己的眼睛去发现美，用自己的心灵去体会美，用自己的双手去创造美！

七、拓展深化，布置作业

音乐可以调节心绪、陶冶情操，还有助于拉近人与人之间的距离，使人和谐相处。你是否有过难忘的欣赏音乐的经历？请以“音乐”为话题，谈一下你对音乐的感受。

八、板书设计

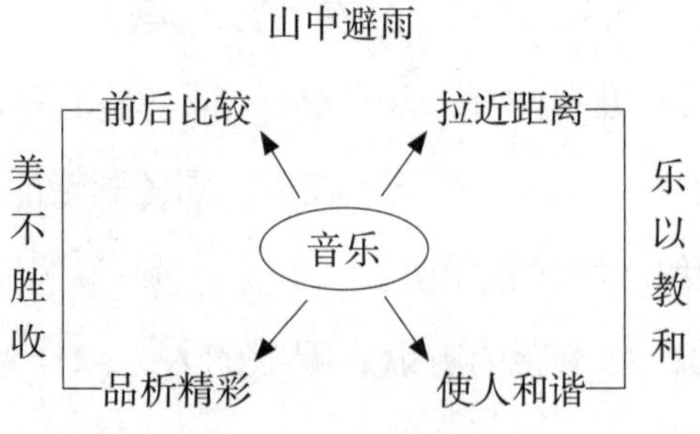

全国教育科学“十一五”规划 2009 年度教育部规划课题“核心价值观视阈下世界遗产教育实施策略研究”（FFB090693）结题成果

登临万里雄关：长城

简介：约公元前 221 年，一统天下的秦始皇，将修建于早些时候的一些断续的防御工事连接成一个完整的防御系统，用以抵抗来自北方的侵略。在明代（公元 1368—1644 年），又继续加以修筑，使长城成为世界上最长的军事设施。它在文化艺术上的价值，足以与其在历史和战略上的重要性相媲美。

图　长城

（1）遗产地名称：长城 The Great Wall

（2）批准时间：1987 年

（3）遗产种类：文化遗产

（4）遗产遴选标准：根据世界文化遗产遴选标准 C(I)(II)(III)(IV)(VI)被列入《世界遗产名录》。

（5）突出普遍价值：①中国古代农业文明和游牧文明的冲突和交流；②中国古代杰出军事建筑和技术的典范；③曾起到保家卫国的作用，是中华民族的象征。

一、自主学习

万里长城从春秋战国开始，伴随着中国长达 2 000 多年的封建社会行进。众所周知，一部悠久的古代中国文明史，封建社会是最丰富最辉煌的篇章，举凡封建社会重大的政治、经济、文化方面的历史事件，在长城身上都打下了烙印。金戈铁马、逐鹿疆场、改朝换代、民族争和等在长城身上都有所反映。长城作为一座历史的实物丰碑，横亘在中华大地。在万里长城身上所蕴藏的中华民族 2 000 多年光辉灿烂的文化艺术的内涵十分丰富，除了城墙、关城、镇城、烽火台等本身的建筑布局、造型、雕饰、绘画等建筑艺术之外，还有诗词歌赋、民间文学、戏曲说唱等。巍巍万里长城将与神州大地长存，将与世界文明永在。

（一）实践要求

（1）实践任务：了解长城的有关知识，了解为什么修建长城，体会长城的普遍价值。

（2）实践目标：查找有关长城的图文资料，初步认识长城及世界遗产的相关知识。

（3）实践准备：借助所学学科，对学生进行世界遗产的知识普及及教育，思考被列为世界遗产的原因。

（4）实践方式：阅读文献书籍，网络搜集资料并模拟游览。

（5）实践地点：阅览室、微机室、教室。

（二）实践过程

活动 1——网上初识长城

活动内容：通过网络认识长城。

活动要求：建立一个“长城论坛”。把你找到的关于长城的资料，如图片、建筑技术及特点、诗词歌赋、历史典故、传说故事等与大家一起分享。

活动任务：在论坛里建几个专题资料库，如

“长城风韵”——摄影图片库

“千年长城”——历史资料库

“风雨长城”——建设长城资料库

“万里长城”——景区资料库

“诗意长城”——文学资料库

“钢铁长城”——建筑资料库

“歌唱长城”——歌曲资料库

你还可以设计出哪些专题资料库？发挥你的聪明才智，自创关于长城的专题资料库。

活动 2——书海畅游长城

活动内容：在书海中了解长城。

活动要求：每位同学阅读一本关于长城的书，可以是老师推荐，可以是自己搜寻。

活动目标：

（1）阅读一本关于长城的书，并向同学介绍你的阅读体会。

（2）撰写一份读书笔记，可以是整本书的，也可以是对部分章节的，还可以是对某个故事或诗歌的。

（3）召开一次读书汇报会，向同学们介绍你了解到的长城。

推荐书目：《中国长城》《世界奇迹——长城》《长城》《踏遍北京野长城》《北京地区长城研究文献名录》《永远的长城》《看不见的长城》《守望长城》等，还可搜集有关长城的诗词。

活动 3——图游长城

活动内容：在游览图上畅游长城。

活动要求：利用卫星地图定位搜索，每组制作一份长城导游图。

活动目标：

（1）让学生搜集整理北京一共有多少个向游客开放的长城景区，各有什么特点；为什么不能去爬野长城。

（2）每组从八达岭长城景区、居庸关长城景区、慕田峪长城景区、司马台长城景区等北京市开放的景区中选择一个景区，并进行重点了解，包括景区景点构成、建筑年代及特点等。

（3）利用各种地图资源，研究设计本组游览的路线，为实地考察做充分的准备。

交流评价

交流形式：可以是网络交流，可以是小组交流，也可以是班级交流。

项 目	A级	B级	C级	个人评价	他人评价
前期准备	能独立完成，思维有深度	基本能完成，但欠缺条理性	不能完成，没有头绪		
交流发言	发言流畅，积极参与讨论	能说出一些想法，并参与讨论	没准备发言，不参与讨论		
交流合作	善于与人合作，虚心听取别人的意见	能与人合作，基本能接受别人的意见	缺乏与人合作的精神，难以听进别人的意见		
交流收获	有很大收获，对某一点很有兴趣，能提出深层次的问题	有一些收获，了解了以前不知道的东西	没有我感兴趣的，没什么意思		

二、参观考察

读万卷书，行万里路。实地考察是我们最期盼的。但是，我们是对长城进行行动研究，并不是简单的游山玩水。先介绍一下慕田峪长城的基本情况吧。

慕田峪长城位于怀柔区境内，是北京新十六景之一。西接居庸关长城，东连古北口，开放的 2 250 米长城段的特点是长城两边均有垛口，特别是正关台三座敌楼并矗，著名的长城景观“箭扣”“牛角边”“鹰飞倒仰”等位于慕田峪长城西端，是万里长城的精华所在。慕田峪长城山峦叠嶂，植被覆盖率达 90% 以上。慕田峪长城设有国内一流的登城缆车，开发了中华梦石城、施必得滑道等项目，形成了长城文化、石文化和体育健身娱乐项目的有机结合。

慕田峪长城旅游景区，历史悠久，文化灿烂，在北京乃至全国有一定的知名度和影响力。尤其是 2008 年奥运会后，其知名度和美誉度在世界上得到了有效提升。慕田峪长城段的建筑构造具有独特风格，是万里长城的精华所在。三座敌楼并矗一台的正关台，为长城之罕见。西北面有俗称“箭扣”“牛角边”“鹰飞倒仰”等长城景观结点，其势险峻峥嵘，起伏连绵，如巨龙飞腾。故 1987 年被评为新北京十六景之一，1992 年被评为北京旅游世界之最，2002 年被评为 4A 级风景区，2011 年被评为 5A 级旅游景区，也是目前怀柔唯一一家 5A 级旅游景区。

我们的实践研究是在前期充分准备的基础上进行的，每次的研究考察都有不同主题，我们需要分组进行，每个小组要有明确的考察主题，一定要制定好安全预案！

（一）实践要求

实践任务：考察慕田峪长城。

实践目标：通过实地考察研究，将前期查阅的书本知识和网络信息与遗产地景观进行对照，增加感性认识，确定小组研究方向，开展深入研究。

实践准备：制作慕田峪长城游览图，确定游览路线，制定安全预案，确定小组负责人，统计联系方式，明确考察任务。

实践方式：以小组为单位分地域游览慕田峪长城，时间为 1 天。

实践地点：慕田峪长城。

（二）实践过程

活动 1——初游慕田峪长城

活动内容：利用周末对慕田峪长城进行调查了解，增加感性认识，初步选择研究方向。

活动要求：

（1）以小组为单位进行，每个小组确定一位负责人。

（2）外出前负责人向老师汇报本组的调查游览路线，初步考察任务及预期目标。

（3）制定本组的外出安全预案。

活动目标：

（1）每个组上交一份基本确定的研究方案，包括研究区域、研究主题以及大致研究计划。

（2）每个同学上交一份研究计划书，内容包括研究主题、研究步骤、研究方案等。

活动2——拥抱慕田峪长城

活动内容：根据选定的研究方向，同学们要分组对长城进行专题研究。研究方向可以是建筑技术手法研究、景观欣赏研究、相关历史背景研究、北京地理位置重要性研究等。

活动方式：小组自行考察研究。

活动要求：

（1）外出考察前提交本组外出考察申请，包括考察任务、考察路线、考察人员、预计时间。

（2）上交外出安全预案。

（3）活动中要记录活动情况，可以是文字、照片、摄像等形式。

（4）小组负责人书面反馈考察活动完成情况。

活动3——围绕长城的丰富内涵进行探究

活动内容：各学科老师根据学科特点布置与长城有关的学习探究任务，一起踏着先人的足迹，走进历史，实地欣赏长城的建筑构成、景观意境及普遍价值。

活动方式：

（1）以慕田峪长城的几大景观为目的地，边走边进行景观欣赏，在游览中完成学习探究，体会文人墨客对长城的不同情怀。

（2）同学们以小组为单位选择任务，可以随时发表自己的研究观点，共同交流分享。

活动要求：

（1）前期各小组对长城的研究要进展到一定程度，有了知识储备才能更好地交流。

（2）同学们对长城的建筑艺术构成要有基本的了解。

（3）考察过程中要注意安全，更要注意保护环境、保护遗产。

活动 4——采访游客

活动内容：想要保护长城，就要初步调查一下长城上的客流量，调查访问一下长城上的游客吧！

活动方式：

（1）制订合理的研究计划，尝试调查长城不同路线的客流量。

（2）制订考察方案，设计调查问卷；做好交通、安全方面的准备等。

活动要求：

（1）按照设计好的调查步骤，通过拍照留存等方式，展现长城内的保护情况。

（2）采访长城管理人员和游客（含外国游客），了解他们对文化遗产的认识及对长城保护现状的感受。同时向外国游客了解他们所在国家对世界遗产的保护措施等。譬如，在长城景区专门设立题刻墙供游人题刻留念，以避免游客在长城城墙上乱刻乱画，讨论此举是否可取，也可以此话题为辩题展开辩论，探究其可行性。

交流评价：

（1）此阶段的交流以研究小组内部交流为主，老师可以给出一些研究建议。

（2）在长城上进行探究课时，同学和老师可以在现场共同交流，每个同学和老师都可以提出观点和建议。

长城是中华民族的象征，它代表了中国的形象和中国人的精神。在本单元中，同学们通过研究慕田峪长城、八达岭长城等北京市向游人开放的长城，不但可以发现长城的军事防御价值和建筑艺术之美，还能体会到我国古代劳动人民的高超智慧和伟大创造力，体会到设计者和建造者的自出心裁和别具匠心，体会到关于长城的故事和传说为长城增添的神秘文化色彩。

三、模拟体验：理解长城的价值

（一）实践要求

（1）实践任务：学生以导游身份带领同学们游览北京向游客开放的长城。

（2）实践目标：把前期研究的成果应用于实践，在遗产地体验长城“虽为防御工事，与自然相映成趣”的建筑艺术之美，历史传说之神韵，感悟世界文化遗产的价值，发现新的研究线索。

（3）实践准备：在搜集大量资料的基础上，根据旅游景点撰写导游词。

（4）实践方式：十位学生导游带领同学和老师游览长城，设计长城导游手册。

（5）实践地点：慕田峪长城、学校。

（二）实践过程

活动 1——模拟导游

活动内容：学生导游带领同学们游览长城，品味修筑长城的历史背景、建筑特点及景观构成。

活动方式：从众多游览路线中选取两条游览路线，由学生以导游的角色带领同学们游览。

活动要求：

（1）学生导游选择一条线路，要先行研究线路上的主要景点及景观构成、历史典故等。

（2）学生导游撰写导游词，交给指导老师修改。

（3）学生导游需提前试讲，准备好高音话筒。

活动 2——跨学科探究活动

活动内容：品味世界遗产长城，欣赏长城建筑技术及特点，品味长城的文化，感悟长城的价值。

活动方式：根据前期研究结果，选择若干有代表性的景观，由同学们提出自己的研究观点，政治、历史、语文、地理、科学等学科老师从不同角度共同解读长城、研究长城，给同学们提供文化大餐，师生共同品味长城之美，探究其建筑构成，感悟其中蕴含的美学价值、军事防御价值、历史文化价值。

活动要求：

（1）请同学们提前选取一首最感兴趣的关于长城的古诗词，进行赏析品读。

（2）请同学们提前研究修建长城的历史背景，研究“长城内外”的历史，秦汉时期北方匈奴和宋元时期北方游牧民族的侵略，比较探究关内关外的服饰、饮食文化的不同，编写关于长城的剧本，进行穿越时空的服饰展示，表演与长城关联的课本剧。

（3）请同学们提前研究“箭扣”“牛犄边”“鹰飞倒仰”等建筑的特点，通过绘画、摄影等展示万里长城的精华部分，体会古代劳动人民伟大的智慧和力量。

（4）结合地理知识，探究长城一线恰为400 mm等降雨量线，北京地理位置的重要性及气候特点带来的差异导致的游牧民族和农耕民族生活方式的差异。

（5）探究长城城砖的成分及黏土的成分，为保护长城提出可行性方案。

活动3——研究长城艺术之美

活动内容：研究长城的建筑艺术之美，用PPT或小论文呈现你的研究成果。

活动方式：参考前人研究成果和自己实地拍摄的图片，自选感兴趣的主题分组探究体验。

活动要求：

（1）学生用心观察长城的建筑之美，包括结构、功用、装饰等方面，收集资料。

（2）制作出精美的关于长城的视频资料或PPT，撰写关于长城的研究论文，探究长城的建筑材料、旅游开发与环境保护等方面的问题。

（3）结合党的第十七届六中全会提出的“以建设社会主义核心价值体系为根本任务，以满足人民精神文化需求为出发点和落脚点，以改革创新为动力，发展面向现代化、面向世界、面向未来的，民族的科学的大众的社会主义文化，培养高度的文化自觉和文化自信，提高全民族文明素质，增强国家文化软实力，弘扬中华文化，努力建设社会主义文化强国”的伟大目标，弘扬长城文化，展示中华民族吃苦耐劳、顽强奋斗、创造奇迹的精神，建设中华民族共有精神家园，为人类文明进步做出更大贡献。

交流评价：

（1）在学生当导游讲解的过程中，同学们可以随时提出问题，小导游会帮你解答，其他同学和老师也可以补充，暂时不能解答的，回校后咨询老师或利用网络继续研究解决。

（2）自我展示课上同学们可以从不同的层面和不同视角交流对长城的研究成果，与其他同学进行面对面交流切磋。

（3）师生分别做出评价，并载入学习记录。

	自我评价	小组评价	教师评价
导游讲解			
跨学科探究			

四、宣传保护

我们进行世界遗产宣传教育的最终目的是希望更多的人了解世界遗产的价值，传承和保护优秀的民族文化，因此我们需要用行动把我们的研究成果推广和宣传出去。

（一）实践要求

（1）实践任务：撰写主题研究报告，进行世界文化遗产宣传活动。

（2）实践目标：宣传世界遗产价值，保护优秀民族文化。

（3）实践准备：拟定调查问卷，策划宣传活动方案，宣传活动物品准备。

（4）实践方式：世界遗产知识宣传、召开主题班会、举行世界遗产展示晚会。

（5）实践地点：慕田峪长城、学校。

（二）实践过程

活动 1——对世界遗产认知情况的调查

活动内容：世界遗产认知情况调查。

活动方式：在学校、旅游景区发放调查问卷，进行问卷反馈研究。

活动要求：

（1）拟定调查问卷。

（2）确定调查对象、调查地点及调查方式。

（3）研究分析调查问卷，撰写调查报告。

（4）以小组为单位进行，不得擅自行动。

活动 2——世界遗产日宣传活动

活动内容：宣传世界遗产的相关知识，保护世界遗产。

活动方式：展板宣传、视频播放、散发宣传卡片。

活动要求：

（1）以北京的世界遗产为主题，提前制作宣传展板。

（2）搜集世界遗产的相关视频资料。

（3）制作宣传小卡片。

（4）与学校相关部门沟通，选定宣传地点。

（5）每位同学要有文明礼貌的言行，做一个世界遗产的青年保卫者。

活动 3——排练属于自己的话剧，举行世界遗产展示晚会

活动内容：带领你的同学，尝试排练反映农业文明和游牧文明文化差异的历史剧。

活动方式：请你大胆一些，设计“北方游牧民族入侵中原”“秦始皇下令修建长城”“孟姜女哭长城”等小话剧，在学校公演。

活动要求：

（1）表演是最好的表达，尝试做一回导演、编剧和演员，真实地体现长城内外不同民族的文化生活。

（2）请你提前撰写剧本，并组织同学排演。

（3）邀请你的老师和家人进行观看。

交流评价：

（1）在做完问卷调查后，同学之间要交流做问卷调查时的感受，特别是遇到不配合甚至遭到拒绝情况时的心情以及解决办法。

（2）研究设计世界遗产宣传活动的过程就是一个很好的交流过程，同学们要积极准备哦！

（3）我们很想知道你带着家人游览完长城之后，你的感受与感悟。写下来吧，让我们一起分享你的成功！

（4）我们很想知道你的课本剧表演带来的震撼与成功，把它们记录下来吧。

五、反思收获

在活动的开展过程中，不断反思课题研究及实践活动中的问题疑惑，会为我们下一阶段的研究与实践活动提供宝贵的经验。在研究完成一个阶段后，还需要你们与老师共同反思收获与不足，为今后活动的深入打下基础。让我们共同在反思中成长吧！

（一）实践要求

（1）实践任务：整理研究过程资料和成果，对自身在活动中的收获进行反思。

（2）实践目标：对世界遗产价值的再认识，在活动中反思自身的成长与收获。

（3）实践准备：完成相关的研究报告，梳理参加活动的感受文字，制作宣传海报。

（4）实践方式：研究成果交流会、班级主题活动、文化节。

实践地点：教室、校园、长城。

（二）实践过程

活动1——长城专题研究交流会

活动内容：对长城的深度研究成果进行交流展示。

我们的主题可以是长城的建筑技术、艺术及美学研究，长城的历史文化研究以及长城的利用与保护研究。

你还可以再拟出一些主题吗？

活动方式：同学们将研究的成果进行交流汇报。

活动要求：

（1）将研究成果制作成PPT。

（2）每人准备15分钟的发言。

（3）提前请相关指导老师指导。

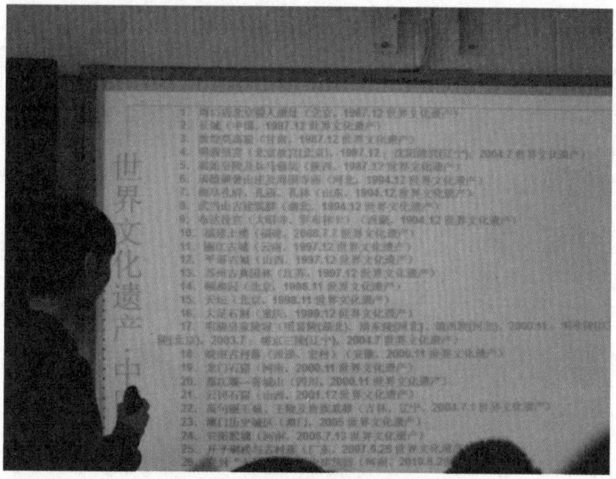

同学展示研究成果

活动 2——主题演讲会“为子孙留下更多遗产”

活动内容：谈谈你在参加世界遗产长城课题实践活动后的感想，说说你对世界遗产价值的认识，想象能为世界遗产做点什么。

活动方式：演讲比赛。

活动要求：提前准备，内容紧扣在长城考察研究的感受，围绕“为子孙留下更多遗产”这一主题，准备演讲稿，教师审阅文字稿。

交流评价：

（1）专题研究成果展示活动是我们相互交流和学习的最好平台，通过展示，体现我们的研究价值，不断改进，争取研究向纵深发展。

（2）进行展示时邀请专家老师给予点评，评选最佳表现奖、最佳创意奖、最佳合作奖等各种奖项。

希望我们的研究能得到更多专家和老师的指点，用我们的思考和行动引领更多人参与到保护世界遗产的行列中来！

	自我评价	小组评价	教师评价
“收获与成果”个人感言			
展示交流			
演讲效果			

第四部分　筑梦汇佳

伟大中国梦——祖国 70 周年华诞献礼

振兴民族的希望在教育，振兴教育的希望在教师。汇佳是一所“新型、高品位、国际化”的 IB 学校。1993 年建校以来，一直坚持“双语双文化”的办学特色，校训是“做一个伟大的中国人”。办好教育为人民，培养人才为祖国。曾多次在各类媒体组织的评选中获得“最有影响力学校”“人民满意的民办学校”等荣誉称号。

身在汇佳工作，倍感自豪。愿我们携手并肩，在 IB 理念的指引下，做好新时代的人民教师，为打造好教育的生态园而努力拼搏，为实现汇佳的名校梦而不断学习创新，为实现“伟大中国梦”而不懈奋斗。

伟大中国梦

作词：薛运锋　王丽娜

作曲：吴　攀　韩莎莎

世界的东方
处处旖旎风光
翠竹厚积薄发红梅吐芬芳
泱泱中华多难兴邦
历经风雨劈波斩浪
啊！坎坷铸就中华精神
啊！文明泽被炎黄子孙
造纸术火药印刷术指南针
四大发明影响整个世界

五星红旗
飘扬着胜利
热血染红旗帜不忘初心
中国共产党为了人民
前仆后继英雄辈出
啊！人民翻身当家做主人
啊！依法治国精准扶贫

玉兔号蛟龙号高铁移动支付

锐意创新打造科技中国

啊！成果丰硕忧患意识永存

啊！改革开放幸福人民

一带一路合作共赢

继往开来实现伟大中国梦

继往开来实现伟大中国梦

“家长帮”平台线上座谈提纲

一、学生情况

今年高三，加拿大五大校录取，并有 20 000 加币的奖学金；美国 UCSB 和 UC 尔湾 (UCI) 录取，感谢汇佳学校和升学指导中心的精准指导和定位，把脉很准确。以相对较低的 SAT 分数 1 320，托福 104，拿到 UCSB 的 offer。

我觉得汇佳做的最好的就是师资保障，中外教都有良好的教师资质。孩子从小学到高中，对老师都很满意，中教大都是有经验的中年教师或海归硕士，外教都有师资证书，中外教比例在 1 ∶ 1 左右。再就是家校的沟通紧密，让家长安心工作，老师们能够关注到孩子的点点滴滴，让每一个孩子都有机会参与管理班级，为集体做贡献，体现自己的价值。适合自己孩子的是最好的，这样的方式让我们的孩子的成功成了大概率事件。

二、选择汇佳

源于我山东的一位老师，我的老师是泰安市的一名校长，2005 年的时候执掌泰山国际学校帅印，他告诉我现在私立学校生存挺艰难，但也不是没有成功的案例，北京有汇佳。我的老师来汇佳参观过，觉得汇佳办学质量不错。然后我就进行了考察，比较后被汇佳双语双文化的理念和 IB 体系吸引，孩子进入汇佳一年级学习。

三、汇佳小学阶段

课程是大纲规定的语数英自然科学等，但是教学方式不同。教学目标是四会：会英文、会游泳、会电脑、会钢琴。当然这只是代表，分别代表学术、体育、电脑和艺术。体育还有马术、高尔夫，现在又有了滑冰等课程，艺术还有绘画、陶艺、声乐、管乐等。汇佳非常重视体育和艺术，和学科教学作为三大支撑，同等重要，让孩子全面发展。

印象最深的是PYP（IB小学项目）学习的方法和策略，学生在小组合作中进行探究式学习，认识“我是谁？”，让学生了解到我们中国人不仅有黄皮肤、黑头发、黑眼睛，还有中国传统文化的基因。汇佳的校训是“做一个伟大的中国人”，我很欣赏这个校训。

教学方法不拘泥于课堂之内，以学生为中心。例如，数学课上老师讲到100米的概念时，会让学生到操场上感知100米的距离，和生活实际结合，这增加了学生的认知体验；语文课上老师讲到《皇帝的新装》时，会让学生进行角色扮演，然后让孩子充分发挥想象力：如果你是皇帝，如果你是小孩，如果你是大臣，你会怎么做？穿越时空，展开想象的翅膀，让孩子的思维自由翱翔。另外，外教的英文课和中教相结合，外教抓好口语和听力，中教抓好阅读和写作，齐头并进，相互配合，效果不错。还有五年级的成果展，每个孩子都做一本书，把自己的作品打成铅字，这是孩子们作品的汇集，也是一个成果的展示，对孩子是一个激励，也是一个美好的纪念。

另外，小学四年级有赴新加坡一个月的交换学习机会；六年级有10个月的赴美插班学习等项目，对英文的提高很有帮助，都很受家长欢迎。

小学阶段注重的是习惯和兴趣特长的培养，每个学生都能得到全面的培养和训练，这是 IB 培养目标“做一个全面发展的人”的具体落地。薛玉立就在小学期间学了游泳、马术、高尔夫等课程，那时候还没有冰场，他养成了热爱读书的习惯，受益匪浅。

四、初中阶段

初中根据英文等级分全英班和双语班，然后两个平行班的英语课又分为三个等级。这样的分层教学可适应学生的接受程度，保证程度好的学生吃得饱，中等的学生吃得好，基础差点的学生吃得了，充分尊重学生的差异。现在还有双优菁英班。针对有高尔夫、网球、滑冰等特长的学生，成绩特别突出的还有奖学金。

初中阶段的特点是在双语双文化的环境中加强阅读，进行双线评估。既要保证国家大纲规定的内容学习，注重过程性的评价，如作业、阅读、小测验、期中考试、期末考试的百分制成绩，这是对学习习惯和学习态度的一个监控；又要有 MYP 的等级测试，主要是针对各学科的总结性评估，这个是运用知识解决问题能力的一个等级评定，是 IB 组织要求的。这是一个锻炼学生合作、交流、勇敢、批判性思维的过程。

七年级打好基础，培养好的学习习惯；八年级稳定成绩，鼓舞信心；九年级冲刺升 IB 高中的考试，完成社区设计。重点是培养学生时间管理的好习惯，玉立周末或假期在家，有一个简单的时间安排表，对于哪个时间段做什么事情都有明确的安排。对于爱玩游戏的学生，采取共情共商共识的方式，和学生协商，约法三章，培养他们主动学习的意识。学习是个苦差事，就像登山一样困难，所以必须克服困难，努力坚持，才能有“一览众山小”的体验，有挑战自我后的获得感，有“山重水复疑无路，柳暗花明又一村”的成就感。初中的知识积累和习惯养成很重要，要养成良好的自我管理习惯，为高中打好坚实的基础。

社区设计就是一个让学生运用知识服务社区解决社区问题的实践平台，孔子说：“学而时习之，不亦说乎？”这个社区设计就是让学生运用知识实习，学为所用的过程。小组合作形成创意，制定目标，搞好调研，进行实践，还有反思，整个过程能提升学生的综合素养，甚至可以为学生未来选择专业打好基础。玉立当时做的是大观园的志愿讲解服务，并开创了大观园微信公众号，发布了一些自己对《红楼梦》的感受和见解，锻炼了自己的胆量，成效不错。

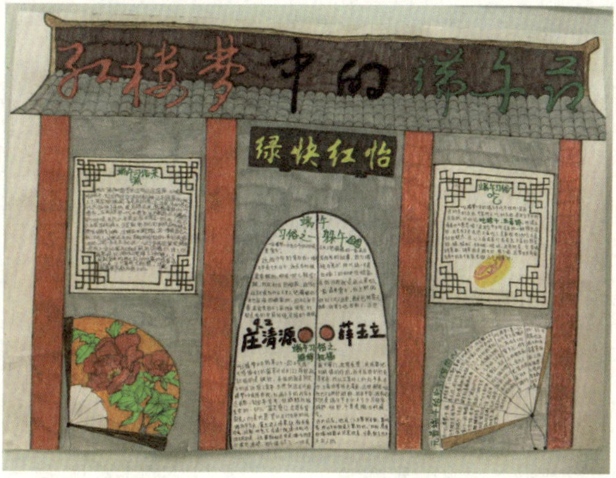

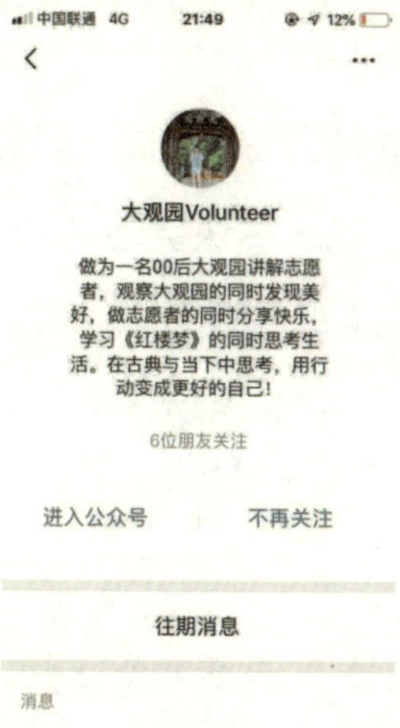

初中的俱乐部活动丰富多彩，有二十几个，选修课异彩纷呈，有十几个。因为活动多，以活动为载体，给学生搭建了很多平台，如主持、读书分享、戏剧表演、讲课活动、俱乐部文化节、新年晚会等，多种平台提升的综合能力。

故事1：

爱书社组织图书交换活动，组织给打工子弟学校捐书活动，组织“叶圣陶杯”全国新概念作文大赛，这是教育部批准认可的作文赛事，玉立主动找校长想办法，因为语文老师课时多，无法完成初评工作，直接越过初评，寄给大赛组委会复评。获得一等奖的同学，在学校九升十年级的时候还获得了15 000元的专项奖学金，玉立同学比自己获了奖还高兴。

五、高中阶段

同学们的心中都有一个梦，都有展示自己的欲望，都有自我价值实现的幸福感。

高中需要拼GPA，托福和SAT，玉立准备得还是有点晚了，高一才开始。如果准备得早一点，会有更好的成绩。

社团活动锻炼能力，酸甜苦辣的经历都是成长。但同时要兼顾GPA和标考成绩，托福早准备，达到85分以上尽快学习SAT。

高中的突出优势：高一PreDP，高二进入DP。可以考IB全科，可以考单科。全科的高等级是全球认可，可以转大学学分的，基本上4年本科3年半就可以读完。

故事2：

玉立一个同学的家长，九年级时嫌孩子不太爱学习，给他转到了外国语学校。妈妈当时就说，如果孩子能上 IB，一年花 40 万都值。

故事 3：

高中会有中国大智汇、哈佛峰会、美国化学竞赛等国内国际大型活动。玉立参加了中国大智汇活动，选题是“从学生角度调研、改善并预防我校校园欺凌”指导老师说的是“BIG THINK，DO SMALL”。他们团队明确分工，做了调查问卷，统计出存在的问题，结合学生的实际，和校长联系，邀请派出所民警进行讲座，并就相关问题采访了民警，创建了微信公众号，并在校园内宣传。最后获得了中国大智汇路演赛全国一等奖，其论文入选《哈佛中国大智汇创新研究挑战赛成果展示》丛书。

故事 4：

篮球小子初中成绩一般，调皮犯错，高中成绩一路高歌猛进，成长为托福 110+，SAT1 500，收到梦校 UC 伯克利的 offer。

故事 5：

玉立的上一届学姐秦云珊同学被 UC 伯克利、UCLA、巴纳德学院等名校录取，听说后来去了巴纳德学院。专业的升学指导，个性化的服务，有的放矢的跟踪督促，和 IB 选课相辅相成，成为一个完整的系统，家长省心放心，为孩子提供更多的认识自我的机会，提供更多的选择。还有 IB 课程全世界认可，和国外大学无缝衔接，适应能力和考入名校的概率较高，这是我们最大的收获，也是我选择 IB 的理由。

综上，玉立选择汇佳，我们作为家长非常满意，感谢汇佳学校的精心培育，让玉立有了良好的习惯、持之以恒的态度以及大胆表达自己的能力。IB 大考已经结束,7 月 5 日早 8：00 出成绩。玉立现在还非常努力，坚持学习 SAT，准备到美国转学到更好的学校。我告诉玉立，要自己足够努力，大学仅仅是人生里程的一站，重要的是朝着自己喜欢的梦想不断前行，多一些选择自己未来的机会，能够多角度思考问题，能够有关爱他人的善良，能够和这个世界有良好的沟通，有自由的灵魂，这就是幸福的起点。

期待玉立会有更好的收获，祝愿汇佳培养出更多的优秀人才。

注：在 2020 年汇佳新年峰会上，薛玉立同学以 IB 大考 41 分（满分 45 分）的成绩，荣获汇佳学校 4 万元奖学金。

薛玉立同学家长

其他作品

喜报一则

初中部实施MYP以来，语文教学呈现出生机勃勃的景象：绘声绘色的课本剧表演、唇枪舌剑的辩论赛角逐、声情并茂的主题学习演讲走进了语文课堂，学生能力得到了全面提升。

大量阅读，大量写作，听说读写视看的训练给学生提供了广阔的创作空间，让学生体会到语文教学的多姿多彩，活泼有趣。初三一班程可馨同学用一个月的时间创作了十几万字的小说《伶仃返》。刘畅同学创作的两首诗歌在首届中国优秀青少年报刊金奖报纸《深圳青少年报》(2012年3月21日总第3005期第687期）上发表；在读完推荐书目《孩子你慢慢来》后，写了赏析文章《舍得》，在2012年第3期《特区教育》(该杂志由深圳报业集团主管主办，特区教育杂志社编辑出版，面向国内外公开发行）上发表。

在此向程可馨同学和刘畅同学表示热烈祝贺！

祝愿她们在文学创作的道路上越走越远！

（初中部语文教师薛运锋 供稿）

给老校长的一封信

说明：

程可馨同学以班级老师和同学为原型，在九年级个人设计期间，用一个月时间创作了一部武侠小说《伶仃返》。文笔优美，描写细腻，情节跌宕起伏，悬念迭生，耐人寻味。作为程可馨同学的班主任兼语文老师，我倍感自豪和骄傲，这是厚积薄发的具体案例。以下是我应王校长之约，在澳洲的研学期间写给王家骏校长和李艳丽主任的总结信件。

李主任并转王校长：

在“神九”成功对接“天宫一号”的大喜日子里，传来了汇佳学校初中部个人设计大会圆满成功的喜讯。双喜临门，令我非常振奋，同时从万里之外的澳洲表示衷心的祝贺！

景润庭老师第一时间给我发来了程可馨个人文集《伶仃返》的图片，我非常高兴，心情十分激动。下面简单介绍一下孩子作文训练的过程。

一、高效利用课堂，提升课堂效率

在 MYP 主题教学理念和汇佳学校大量阅读、大量写作的语言训练思路指引下，选择人教版和苏教版的经典教材和相关主题的文章，进行赏析训练，摒弃传统教学中肢解课文的做法，让学生从“写了什么，怎么写的，为什么这样写”的角度进行赏析。同学分成小组进行交流评价，选定角度进行课堂展示，解读出作者的写作意图、写作思路、写作特色和语言特点，化被动接受为主动探究，感受文学大家的创作魅力。同时把所学文章作为例子，让学生扶着这根拐杖，学会走作文之路。

二、大量阅读，汲取名著精华

在 MYP 理念指引下，进行广泛的语言训练。从“听说读写看”不同方面训练学生的综合能力，让学生学会激情演讲、礼貌交际和流畅表达。每月规定阅读书目，开展读书交流会及读书笔记的展示会，让思维碰撞思维，智慧点燃智慧。同学们的思想在不断的激发中如星星之火，可以燎原，在课堂上发言常出现欲罢不能的状态。大量储存能量，才能大量输出，所谓“厚积薄发”。除了规定的名著阅读之外，学生们可以自由阅读自己喜欢的书并交流自己读完的感受。成立班级图书角，同学之间相互交流，收获的是多种思想。

三、大量写作，练就敏捷而周密的思维

写作不仅是文字的排列组合，更是一个人思想内蕴的体现。首先，写作的过程就是训练学生思维的过程。所以，改变传统的中考作文训练模式，除了训练记叙文、议论文的文体意识之外，更重要的是尊重学生的兴趣爱好，让学生写博客、写随笔、写诗歌、写微博，将其统统列入写作内容。用信任托起孩子创新的天空，让尊重成就孩子独特的个性。让孩子敢于独立创作，大胆创新，成就非凡创意，制造非常惊喜。其次，课堂上进行作文评改展示，将写得好的文章当成范文来欣赏，师生共同指出可以学习借鉴的地方；对有问题的作文，师生共同分析原因，并找出解决问题的方案，而后进行修改，通过二次作文提高学生写作技能，通过三次作文提高学生构思能力和语言水平。这样的反思总结，是量变到质变的一个有效途径。《伶仃返》就是程可馨同学在 MYP 理念指引下，利用一个多月时间，以初三生活为原型创作的典型作品。九年级一班作文集《时光记》是孩子们成长历程中的一个礼物，王晨桥同学的个人文集也将在 8 月 26 日面世。

关于中文水平对程可馨等同学的英文学习的帮助，我想李主任更有发言权。语言学科是相通的，语文的写作能力自然会影响到英文的写作和表达；反过来大量阅读英文原著，感受世界文学大师的语言魅力和构思技巧，不但对英语写作，而且对语文写作也是一个很好的提高方法。

感谢汇佳学校的IB理念，感谢锐意创新的改革，成就了多姿多彩的课堂，摒弃了支离破碎的传统教学；感谢MYP个人设计，搭建了一个展示的平台，让同学们发挥了无限的创意；感谢每一位同学的精心设计，为我们带来了无限精彩。

顺颂

夏祺！

薛运锋

2012年6月20日于澳大利亚珀斯

喜报二则

热烈祝贺九年级（1）班孟庭伊同学的作文《树·鸟·风》在《青年文摘》2021 年五月上半月刊发表！孟庭伊，笔名：苹荽。

《青年文摘》杂志由共青团中央主管，中国青年出版总社主办。

恭喜孟庭伊同学！希望她在文学创作的道路上越飞越高，行稳致远。

薛运锋

喜报三则

一大早醒来，收到女儿转学offer，得知她被自己的梦校加州大学伯克利分校（环境经济专业）录取。感谢汇佳学校老师的培养，感谢升学指导老师的指导，感谢汇佳IB教学理念，让孩子后劲十足，逐梦未来。

附此喜报，感念师恩！

（薛玉立家长：薛运锋）

后 记

从事教育工作二十余载，应该留下一点时光印记。

天天从汇佳大写的“人”字形路走过，看樱花含苞待放到凋谢飘零，感慨汇佳校园如画春天的同时，体会到了“一花一世界”的真意。樱花为了迎接春天，孕育了一个寒冷的冬天，尽力汲取大地的营养。春姑娘翩然而至时，她便散尽芬芳，让人们也心花怒放。可是，一夜春雨，落红满地花初歇，几缕春风，花雨飘落唱骊歌。又是一番绽放的美丽，又是一次生命的轮回，又是一段自然的奇迹。我们无须为春花的凋零而幽怨惆怅，因为她正孕育着成熟的秋天。正所谓“狂风落尽深红色，绿叶成荫子满枝”。

联想到我们的教育工作，同样需要厚积薄发，只有一天天一年年积淀，才能不断蜕变、砥砺前行。二十年弹指一挥间，留下的是记忆满满。每一次活动的发动、组织、参与的过程，不正是一曲曲花开花谢、潮起潮落的感动之歌吗？每一次学业的探究、掌握、检测的过程，不正是拼搏、奋斗、收获的人生吗？每一次坚持不懈的努力，不正是为了在人生的舞台上绽放最美的风景吗？初一的青涩冲动，初二的叛逆躁动，初三的成熟稳重，走过了一个自然成长的历程。冰心先生说：“成功的花，人们只惊慕她现时的明艳，然而当初她的芽儿，浸透了奋斗的泪泉，洒遍了牺牲的血雨。”遇到挫折与失败时，大家一起总结反思，齐心合力，最终“动心忍性，曾益其所不能”。不论是群策群力设计出的班徽“若水一班”，还是全班参与的拓展训练；不论是艺术节上高声歌唱我们的《国家》，还是红五月赛歌会上气势恢宏的《保卫黄河》；不论是班长带领班委为同学殚精竭虑调换座位，还是偷偷为同学为老师精心设计生日Party；不论是课本剧舞台上你们自编自导自演带来的精彩，还是辩论赛场上唇枪舌剑而又彬彬有礼的论辩；不论是群星“歌曲串烧”制造的晚会高潮，还是运动会赛场上更高更快更强奥运精神的精彩展现……一桩桩一件件说不尽道不完，都是满满的回忆与牵念。

是的，时间会冲淡一切，却冲不淡纯洁的情感和集体的观念；时间会让花开花谢，迎送一个又一个春天，却割不断我们的友谊相连；时间会使我们慢慢变老，却为我们留下永不褪色的唯美画卷：

美是游荡在春风中的几片落红，
美是漫步在蓝天上的几朵白云。
美是跳跃在湖面上的一抹夕阳，
美是回荡在天空中的几声鸟鸣。
美是义卖会上同学尽力的叫卖，
美是运动会上好友递来的水瓶。
美是足球比赛场上的呐喊声声，
美是即将分别时眼角的泪如泉涌。
美是风雨过后天边的那一抹彩虹，
美是你们升入理想学府时的感动。

文字记录生活，文章传递情感，文学承载思想。

看到已经毕业参加工作的同学发来的祝福和问候，我收获的是满满的幸福和感动，这就是为人师者收到的最美好的礼物。

《筑梦汇佳》犹如春天的一朵小花，相信她定会散发出一缕清香，点缀大地，点染春天，成为我教育之路上的一抹风景。借此机会，感谢我的恩师韩清传老师，一路助力我成长；感谢我的母校汶南一中，是您厚重的土壤让我得以绽放；感谢新泰市教研室唐万利老师的指导，感谢泰安市教研室孙兆汶老师的栽培，感谢山东省教研室张伟忠老师的提携，是你们的指导帮助给予了我自信和力量；感谢汇佳学校董事长王志泽先生和老校长王家骏先生的先进理念，感谢李艳丽校长、王帝校长、牟家荣校长感谢汇佳学校搭建的平台，感谢所有领导老师的培训指导，让我从一个教书匠型老师向学习研究型老师一步步转变成长；感谢所有家长对我工作的理解、支持和配合，感谢所有学生给我带来的快乐和收获。

愿每一个教育工作者都能逐梦未来，激荡豪情满怀，实现自己的教育理想，为伟大复兴中国梦的实现增一块砖，添一片瓦，发一份热，争一份光。

梦想的足迹，洋溢在学习者的字里行间，掩映在思考者的智慧里，凝结在追梦人的心底。

我相信，只要我们不忘初心，不断学习，变革创新，与时俱进，定能如汇佳校训一样，实现我们的教育梦想：“做一个伟大的中国人”。

薛运锋

2020 年 12 月于北京汇佳